Antonio Risério
Bruna Franchetto
Josely Vianna Baptista
Sérgio Medeiros
Pedro de Niemeyer Cesarino
Rosângela de Tugny
Guilherme Orlandini Heurichi

org.
Sergio Cohn

CANTOS AMERINDIOS

cadernos de poesia 1 — junho de 2021

os cadernos de poesia têm como objetivo a reunião de documentos, manifestos, poemas e ensaios sobre importantes movimentos, expressões e tendências da poesia, e são editados em uma parceria entre azougue editorial, revistas de cultura e oca editorial.

edição e projeto gráfico
sergio cohn

revistas de cultura
ana paula simonaci e sergio cohn

ISBN 978-65-89915-02-7

www.revistasdecultura.com
brasil — portugal, 2021

LINJAGUAR OS AMERÍNDIOS NA LITERATURA NO BRASIL

Sergio Cohn

... estranho / — e muito — /
o meu e teu /linjaguar
Antonio Risério

1

"Nós somos brasileiros, não somos guaranis". O lema de Joaquim Nabuco denuncia o confronto e muito explica da errática presença e absorção da cultura ameríndia na nossa literatura. Tirando alguns breves momentos — o primeiro romantismo, o modernismo da década de 1920 e começo da seguinte, alguns poucos autores de nossa contracultura, e uma salutar retomada atual —, os povos ameríndios estiveram praticamente ausentes das manifestações literárias da nossa história.

É impressionante, para um país marcado pela forte presença desses povos, que o primeiro esforço sistemático de inserção de suas culturas na nossa literatura só tenha ocorrido no século XIX, estimulado pelo trabalho de um francês, Ferdinand Denis. É claro que existiam registros, mas eram raros: os tupinambás podem ser encontrados nos relatos dos primeiros viajantes, como Jean de Léry, ainda no final do século XVI, ou na biografia do padre capuchinho Claude d'Abbeville no começo do século seguinte. E os índios foram temas de alguns textos e poemas dos jesuítas ou de autores do período colonial, como Gregório de Matos. Mas era uma presença efêmera.

Antes de Denis, houve também um pequeno esboço de inserção do índio durante o arcadismo, nas Minas Gerais do fim do século XVIII, como bem relata Antonio Risério:

> *Embora, ao contrário dos românticos, os árcades, como todos os seus companheiros 'inconfidentes', não exibam nem o mais ligeiro ou simples sinal de simpatia por qualquer outro povo ou cultura que não seja de origem europeia, vamos encontrar no arcadismo traços lítero-nativistas que antecipam preocupações do romantismo. A figura do índio chegou a ser pensada ali, por Alvarenga Peixoto, como possível símbolo da luta da elite mineira contra o colonialismo. Nos limites de um esquematismo mistificador que seria retomado pelos românticos, concebeu-se a fabricação de um elemento 'nativo' como precursor do independentismo 'inconfidente'. Também o índio desfigurado e idealizado por Claudio Manoel da Costa vem para reforçar a tese de que o*

Minas Gerais, naquele fim do século XVIII, ainda era uma terra habitada por diversos povos ameríndios. Caso os árcades desejassem, poderiam ir atrás das fontes culturais dessas etnias com facilidade. Mas não o fizeram. Assim como os românticos, que tanto lamentariam que os primeiros missionários não colecionaram em seus tempos os textos tupis, mas também não se aventuraram em viagens ao interior do país, para colecionar eles próprios textos de outros povos. Continua Risério:

> *A sensibilidade de Claudio Manoel, diante da sorte indígena, nunca passou de licença poética. Mesmo Tomás Antonio Gonzaga, que recriminou a violência da caça aos índios no período da conquista bandeirante do território mineiro, jamais se interessou pelos índios que foram seus coetâneos. E isto quando o 'problema indígena' era um dado real da vida mineira, bastando lembrar que, ainda depois da morte de Claudio Manoel, um confuso João VI, já no Brasil com a família real, declarou guerra aos botocudos de Minas Gerais.*

Se o interesse dos árcades era genérico, ele toma corpo mais específico com a publicação de *Résumé de l'histoire littéraire du Brésil*, livro que Ferdinand Denis escreveu após uma estada no país, entre 1816 e 1819. Influenciado pelo nacionalismo que ganhava força no romantismo europeu, Denis defende traços de independência da literatura brasileira em relação à portuguesa, e fala pela primeira vez de uma poesia indígena, "essa poesia primitiva, jamais levada à escrita, e que nem por isso oferece menos belezas de primeira ordem".

O momento então é outro. Quando o livro de Denis é publicado, em 1826, a independência do Brasil já havia ocorrido quatro anos antes, e dentro de um país novo, nada melhor que ideias nacionalistas que pudessem ajudar a consolidar sua identidade. Uma nação que se forma e começa a ganhar contornos novos pede, mais do que nunca, a afirmação de uma cultura própria. E então o espírito de época coincidiu perfeitamente com o momento do país. As ideias de Denis foram rapidamente repercutidas, inclusive em textos importantes, como o manifesto fundante de nosso romantismo, publicado por Gonçalves de Magalhães, o Visconde de Uruguai, na revista *Nitheroy*, em 1836: "Ensaio sobre a história da literatura no Brasil". E, cinco anos depois, no *Bosquejo da história da poesia brasileira*, de Joaquim Norberto. Esses dois textos ecoam e tentam aprofundar, dentro do possível para a época, a ideia de uma literatura indígena, realizada a partir de seus cantos, e a presença do índio na literatura brasileira.

É principalmente com o texto de Gonçalves de Magalhães que surge o indianismo romântico do século XIX. Foi certamente o período mais forte e duradouro da presença do índio na nossa literatura: durou cerca de 50 anos e produziu em torno de 30 obras, algumas até hoje vistas como importantes registros da literatura da época, como as *Poesias americanas* de Gonçalves Dias (1846), os romances de José de Alencar, *O guarani* (1857) e *Iracema* (1865) e o poema épico de Gonçalves de Magalhães, *A confederação dos Tamoios* (1856). Este último, embora seja hoje visto como obra literária menor, por seus problemas estruturais e até por sua resolução excessivamente católica (apesar do livro tratar da confederação que entre 1554 e 1557 uniu tupinambás, goitacazes, guaianás e tamoios contra os invasores portugueses, de certa forma os jesuítas José de Anchieta e Manoel da Nóbrega acabam sendo os heróis da história), repercutiu de tal forma na época que o imperador Dom Pedro II o nomeou o "poema nacional" brasileiro.

Se Gonçalves de Magalhães é hoje visto como um poeta menor, Gonçalves Dias é um autor de inegável talento. Os poemas reunidos em Poesias americanas trazem um retrato bem informado pelos cronistas dos tupinambás, criando um olhar atento à cultura ameríndia. Como afirma Lucia Sá,

> *O uso que Gonçalves Dias faz das fontes coloniais vai muito além das descrições de rituais indígenas e traduções literárias do tupi utilizadas por José de Alencar. Gonçalves Dias incorpora em sua poesia vários dos gêneros mencionados pelos cronistas: jactância, sonhos xamânicos, canções para recém-nascidos. Além disso, exatamente como nos textos dos cronistas, seus poemas enfatizam a coragem e a belicosidade dos tupinambás e de seus inimigos, a qual, no entanto, tem sido atribuída pelos críticos a um mero desejo, por parte do poeta, de equiparar os indígenas brasileiros aos europeus medievais, como Alencar faria posteriormente.*

Gonçalves Dias não é meritório apenas na boa interpretação dos textos dos cronistas. Seus poemas, como "Tabira", "I-Juca Pirama" e no épico inacabado "Os Tymbiras", impressionam também pela alta qualidade poética dos seus versos.

Entender o que significava o indianismo naquele momento é importante. A questão do índio na literatura ganhava tamanha relevância que Alexandre Herculano, pensador de grande penetração na época, ao saudar o aparecimento de Gonçalves Dias de *Primeiros cantos* como "a inspiração de um grande poeta", lamentou apenas a pequena quantidade de poemas indianistas no livro. O tema estava em voga, e precisava de um poeta de fôlego que o tirasse da teoria para a concreção de uma obra. Em 1875, Capistrano de Abreu escreveu que o indianismo é "um dos primeiros pródromos visíveis do movimento que enfim culminou na independência: o sentimento de superioridade a Portugal. Efetivamente era necessária grave mudança nas condições da sociedade, para que a inspiração se voltasse para as florestas e íncolas primitivos, que até então evitara, mudança tanto mais grave quanto o indianismo foi muito geral para surgir de causas puramente individuais".

Um caso singular é Sousândrade. Nascido, assim como Gonçalves Dias, no Maranhão, o poeta também atentou, como outros contemporâneos românticos, para a existência de um texto criativo ameríndio, e aproveitou do lugar onde morava para ter um conhecimento direto da vida indígena. Sousândrade foi um dos primeiros poetas a dar atenção ao mito do Jurupari, que depois faria sucesso entre os autores modernos. Sobre esse interesse de Sousândrade às línguas indígenas, Augusto de Campos já observou que o poeta maranhense pré-enunciou e incorporou à sua poesia a matriz do canto ameríndio, em passagens de textos como o "Taturema": "– A grinalda teçamos/ Às cabeças de lua:/ Oaca! Yací-lalá!/ Tatá-yrá,/ Glórias da carne crua!".

Autores de maior e menor envergadura continuariam a trabalhar a temática indígena com alguma frequência, até a metade da década de 1880. Então, novamente o tema iria lentamente submergir, para só ser retomado mais de 30 anos depois, e mais especificamente um pouco depois, através dos poetas modernos da década de 1920. Naquele momento, a situação já é outra. Os modernistas encontram um material mais extenso de cantos e mitos indígenas para trabalhar sobre, coletado por pesquisadores como Theodor Koch-Grunberg e Conde Ermanno Stradelli. Esses mitos foram algumas vezes registrados utilizando o que havia de mais avançado na tecnologia da época, como é o caso de Koch-Grunberg usando o fonógrafo para gravar os mitos de Makunaíma que posteriormente seriam recriados por Mário de Andrade.

Se os *Mitos e lendas dos índios Taulepangue e Arekuná*, de Koch-Grunberg, onde se encontra os mitos de Makunaíma, só seriam publicados pela primeira vez em 1917, a lenda do Jurupari coletada por Stradelli, uma longa cosmogonia dos índios do Rio Negro, já havia sido publicada em 1890. O Jurupari circulou pelos poetas modernistas principalmente através dos manuscritos das *Lendas em nheengatu e em português*, de Brandão de Amorim, que foi colega de Stradelli no Museu Botânico de Manaus. Publicado apenas após a morte do autor, em 1926, o livro de Amorim virou referência entre todos os interessados em cultura amazônica, um grupo que incluía os poetas Mário de Andrade, Raul Bopp, Oswald de Andrade e Cassiano Ricardo.

O interesse no livro de Amorim estava no uso criativo e coloquial da linguagem, que tirava o caráter puramente documental dos relatos, e na incorporação do caráter lúdico das lendas. Lucia Sá faz uma bela análise da importância que os artifícios utilizados por Amorim conquistariam na nossa literatura:

> *A repetição de sílabas junto aos verbos de movimento — uma influência do nheengatu — é um dos traços poéticos do linguajar amazônico popular que Amorim emprega com frequência, como podemos ver nos seguintes exemplos: 'a pele dos peixes brilhabrilhava', do nheengatu oueráuerá; 'elas nadanadavam', do nheengatu oytáuytá; 'as mulheres boiaboiavam perto dele', do nheengatu opuápuámo; e assim por diante. Em todos esses casos, a natureza repetitiva e hesitante do movimento em questão é reforçada pelas sílabas duplicadas — um recurso poético muito econômico e eficaz, usado mais tarde por Raul Bopp em* Cobra Norato *e por Guimarães Rosa.*

Mas não é apenas entre pesquisadores que há um renascimento do interesse pela cultura dos povos ameríndios nas primeiras décadas do século XX. Entre poetas e críticos, há também um esforço de entendimento dessas culturas. Em 1911, os poetas simbolistas Dario Velozo e Julio Pernetta publicam o volume *Pelo aborigene!*. É um documento interessante e pouco conhecido da literatura nacional, não apenas por mostrar uma aproximação entre os simbolistas com a política e a cultura indígena (o que, entre outras coisas, quebra com dois preconceitos recorrentes em relação ao simbolismo brasileiro: o de ser conservador e alienado, preocupado apenas com "as coisas do espírito", e o de ser excessivamente afrancesado, sem relação com a cultura nacional), como por ser um documento pioneira de defesa dos direitos indígenas.

Além de um longo poema, o livro traz uma série de textos sobre a questão indígena, escritos, segundo os autores, "Sem o preconceito de certa ordem de sábios ocidentais, embutidos da tão pretensa superioridade étnica de não sei que raça de Bárbaros modernos — sábios para os quais a Humanidade parece possuir apenas o limitadíssimo período da civlização contemporânea". São textos de contudente crítica ao modo como os povos ameríndios são tratados no Brasil:

> *O ideal sublime da liberdade, o amor instintivo do solo, eis o que sempre levou o selvagem brasileiro ao campo de luta, onde se batia com extraordinário heroísmo. Por mais que alguns escritores queiram fazer do simpático e denodado índio um "animal selvagem", ele se nos apresenta, através das páginas da história, como um protesto sublime em prol da liberdade, da autonomia das suas florestas, contra a sanha hedionda dos seus supostos civilizadores, que com o pretexto de falsa catequese, praticaram todos os crimes que a cobiça baixa engedrava.*

Um ano depois, em 1912, a Academia Brasileira de Letras publicou um livro denominado *Primeiras letras*. O volume trazia cantos de José de Anchieta, textos de Jean de Lery e também ensaios sobre "trovas indígenas", escritos por Afrânio Peixoto. Nele, o acadêmico escreve, como introdução para uma antologia de trovas reunidas por diversos persquisadores:

Gabriel Soares disse, dos Tamoios: "são grandes componedores de cantigas de improviso, pelo que são muito estimados do gentio, por onde quer que vão". E, adiante, dos Tupinambás: "todos cantam por um tom e os músicos fazem motes de improviso e suas voltas que acabam no consoante do mote: um só diz a cantiga e os outros respondem com o fim do mote... Às vezes, andam moças cantando entre eles, entre as quais há também mui grandes músicas e por isso estimadas". Fernão Cardim corrobora: "arremedam pássaros, cobras e outros animais, tudo trovado por comparações, para se incitarem a pelejar. Essas trovas fazem de repente, e as mulheres são insígnes trovadores". Portanto, poesia lírica, didática, épica, e musas, de permeio aos cantores. O prestígio desses cantos e trovas devia ser quase o de hoje, a glória mais invejável aos brasileiros, porque, relata Gabriel Soares: "entre este gentio... são mui estimados, e por onde quer que vão são bem agasalhados e muitos atravessaram já o sertão por entre seus contrários, sem lhe fazerem mal". Desses cantos quase nada ficou, ou tão pouco que é nada: relíquias, antes no sentido de resto, que de preciosidade. Duas estrofes de Montaigne, quatro quadrinhas escolhidas por Spix e Martius, três cançõezinhas por Couto de Magalhães, algumas outras por Barbosa Rodrigues...

Em seguida, Afrânio Peixoto faz uma seleção de trovas coletadas por esses pesquisadores, com traduções literárias ou literais após o texto original em língua indígena ou na língua dos pesquisadores. É o caso desta trova recolhida por Spix e Martius, do povo Guaicurú, vertida para o português por Joaquim Norberto: "Quando me vires sem vida / Ah, não chores não por mim / Deixa que o Caracará-i / Deplore meu triste fim // Quando me vires sem vida / Atira-me à selva escura / Que o tatu há-de apressar-se / Em me dar a sepultura". Nela, a presença de dois animais, o tatu, tido como necrófilo, e o Caracará-i, uma espécie de gavião da qual os indígenas se supõem descendentes.

É neste contexto, de uma maior divulgação dos cantos e mitos ameríndios, que surgem os autores modernos. Se, nos primeiros anos, o modernismo brasileiro tratou de atualizar a nossa literatura através da absorção das vanguardas europeias, a partir de 1924, com o "Manifesto da poesia Pau-Brasil" de Oswald de Andrade, há uma busca por elementos brasileiros, a base dupla e presente de "a floresta e a escola".

No fim da década de 1920, dois movimentos literários antagônicos surgem no modernismo paulista. De um lado, o verde amarelo do Grupo Anta, formado por Cassiano Ricardo, Menotti del Picchia e Plínio Salgado, com forte tendência nacionalista, e de outro a Antropofagia de Oswald de Andrade, Raul Bopp e Alcântara Machado, mais irreverente e internacionalista.

O grupo Anta lança em 1929 o manifesto "Nhengaçu verde amarelo", no qual afirmam que

A descida dos tupis do planalto continental no rumo do Atlântico foi uma fatalidade histórica pré-cabralina, que preparou o ambiente para as entradas no sertão pelos aventureiros brancos desbravadores do oceano. A expulsão, feita pelo povo tapir, dos tapuias do litoral, significa bem, na história da América, a proclamação de direitos das raças e a negação de todos os preconceitos. Os tupis desceram para serem absorvidos. Para se diluírem no sangue de gente nova. Para viver subjetivamente e transformar em uma prodigiosa força a bondade do brasileiro e o seu grande sentimento de humanidade.

Dentro desse olhar verde-amarelo, sincrético e idealizado, Cassiano Ricardo iria publicar em 1926 um interessante livro de poemas, *Martim Cererê*, com influências de temáticas afro-brasileiras e ameríndias.

A escolha da anta como símbolo do grupo foi provavelmente também resultado das leituras da coletânea de Amorim. Em uma das histórias lá narradas, o personagem declara: "Somos Gente-Anta". Na briga entre os dois grupos, isso rendeu algumas boas boutades. Na *Revista de Antropofagia*, Oswald assinou mais de uma vez os textos com o pseudônimo de Poronominare, o trapaceiro matador de antas da mesma história. E contou também com o apoio de outros modernistas, como Tasso da Silveira, que escreveu um texto na revista *Festa* onde pergunta:

A anta, por quê? Porque vara as florestas em linha reta, abrindo caminho, derrubando obstáculos sem nunca desviar-se, invencível na sua teimosia? Isso é cegueira e não inteligência. A inteligência vai por uma via sinuosa. Porque sabe para onde vai. Não avança nunca sem finalidade. Não dispersa inutilmente suas forças. Além disso, a anta é o mais inestético dos nossos animais. Disforme, deselegante, pesadona...

Por trás da ironia do texto de Tasso, a evidência dos conflitos que estavam a acontecer dentro do modernismo. O grupo Anta seguia um caminho (em linha reta) para o conservadorismo, que chegaria ao integralismo de Plínio Salgado na década seguinte.

Mesmo assim, a sua poesia não era desprovida de interesse. Em um importante artigo publicado na revista *Invenção*, editada pelos poetas Augusto e Haroldo de Campos e Décio Pignatari, "22 e a poesia hoje", Cassiano Ricardo defende a aproximação das experiências de linguagem do neo-indianismo do grupo Anta com a poesia concreta:

> *Encarada do ponto de vista gráfico-poético, haverá quem veja na poesia de hoje um regresso ao desenho rupestre e, no setor da palavra, à origem da linguagem, à língua primitiva. Do mesmo modo que a música concreta não será mais que o retorno aos ruídos e batidas sobre a forja do período pré-musical. Ora, o neoindianismo de 1922 já havia revalorizado esse recurso. Na língua tupi, que o grupo Verde-amarelo andou estudando, as palavras, que se baseiam na cor, no exterior das coisas e na sua imagem, na onomatopeia, no acústico-visual, são constituídas, como se sabe, por um processo intuitivo a que, hoje, corresponde a "montagem" concretista, ou a palavra-ideograma. Exemplos, entre outros: "botucavaru"(mosca a cavalo), "itacolomi" (pedra e menino, ou seja uma pedra grande, rochedo, ao lado de outra, pequena). Veja-se boi: pareceu grande como a anta (tapir), mastigador como o veado (çuu), de grandes chifres (aça), e*

*por fim estrangeiro (tamauara), e assim recebeu,
sintético-ideogrâmicamente, o vistoso nome de
tapiraçuuaça-tamauara. A intelectualização do
processo, como em Joyce, com o seu famoso "sil-
vamoonlake" (silva/silver — moon — lake/like),
não será mais que a conscientização do problema, que de outra perspectiva veio a ser focaliza-
do pelo neoindianismo subsequente à Semana
de Arte Moderna.*

De qualquer forma, foi a Antropofagia que conseguiu uma reflexão e uma obra de muito maior alcance, trabalhando com as mesmas bases de referência. O "Manifesto antropófago", publicado por Oswald de Andrade em 1928, é um dos grandes clássicos de nosso pensamento. Nele, defende Oswald:

*Só a antropofagia nos une. Socialmente. Eco-
nomicamente. Filosoficamente. Única lei do
mundo. Expressão mascarada de todos os indi-
vidualismos, de todos os coletivismos. De todas
as religiões. De todos os tratados de paz. Tupy
or not tupy, that is the question. Contra todas
as catequeses. E contra a mãe dos Gracos. Só me
interessa o que não é meu. Lei do homem. Lei do
antropófago.*

Se Oswald, para além do manifesto, não trabalharia em profundidade com a cultura ameríndia em seus poemas e textos em prosa, Raul Bopp publicou em 1931 o que talvez seja a mais bem-acabada absorção da cultura ameríndia em nossa poesia: *Cobra Norato*. Em seu depoimento sobre o movimento Antropófago, Bopp também se declarou abertamente devedor da leitura de Amorim:

> *Uma ocasião Alberto Andrade Queiroz mostrou-me trabalhos avulsos de Antonio Brandão Amorim, de um forte sabor indígena. Foi uma revelação. Eu não havia lido nada mais delicioso. Era um idioma novo. A linguagem tinha, às vezes, uma grandiosidade bíblica. Essas leituras me conduziram a um novo estado de sensibilidade. Alarguei instintivamente a visão que formava das coisas. Abeirei-me das falas rurais, de uma deliciosa formação sintática.*

Cobra Norato é uma rapsódia sobre a Amazônia, que utiliza um personagem bastante popular das histórias locais, mas que não se encontra de forma substancial na coletânea de Amorim. Provavelmente, Bopp ouviu a história pessoalmente, nas suas viagens por lá. Como ele mesmo relata,

> *A maior volta ao mundo que eu dei foi na Amazônia. Canoa de vela. Pé no chão ouvindo aquelas mil e uma noites tapuias. Febre e cachaça. O mato e as estrelas conversando em voz baixa. Para mim o livro vale como a tragédia da maleita, cocaína amazônica. Eu quero é a filha da rainha Luiza. Obsessão sexual. Druídica. Esotérica. Tem o ar de um livro de criança. Quente e colorido. Mas no fundo representa a minha tragédia de febres.*

Bopp conseguiu absorver de maneira exemplar as estruturas e sabores das narrativas ameríndias. Como declarou Oswald de Andrade, "em *Cobra Norato*, pela primeira vez, se realizou a poesia brasileira grandiosa e sem fraude. Bopp fez o que Gonçalves Dias não conseguiu e o que mais de um modernista, viciado nos conchavos eleitorais do talento, teima em fracassar. Aventura perigosa de trazer o Brasil nos dentes. E portanto aventura de alto sentido. Bopp a realizou". Um feito só equiparável, na época, ao do romance *Macunaíma*, publicado em 1928 por Mário de Andrade.

Infelizmente, a partir do começo da década de 1930, novamente o Brasil volta as costas para os seus territórios "selvagens" e busca inspiração na contemporaneidade dos europeus. Com os projetos desenvolvimentistas do Estado Novo, não interessava mais a busca de um "Brasil profundo", mas cantar o urbano cotidiano das cidades que se modernizavam (ou a nostalgia rural dos trabalhadores que para ela migravam). Com isso, o interesse pelas culturas ameríndias e afro-brasileiras que estava ganhando corpo no modernismo é deixado para trás. Os índios iriam praticamente desaparecer da nossa literatura, a não ser em algumas narrativas dispersas (e de grande qualidade), como o "Meu tio o Iauaretê", de Guimarães Rosa, *Maira*, de Darcy Ribeiro, e *Quarup*, de Antonio Callado.

Na poesia, um caso interessante da segunda metade do século XX, como lembra Claudio Willer em ensaio recente ("O valor poético"), é Manoel de Barros, na sua releitura e invenção a partir dos guatós e kadiweus, como é o caso do poema "Inutensílios de Aniceto", que possui a seguinte nota de rodapé: "Esses inutensílios foram colhidos entre os mitos cadiuéus, narrados pelo Professor Darcy Ribeiro. Resguardando-se a petulância e a distância, exercitou-se aqui a moda posta em prática por Eliot incorporando à sua obra versos de Shakespeare, Dante, Baudelaire. E o que fez James Joyce aproveitando-se de Homero. E ainda o que fez Homero aproveitando-se dos rapsodos gregos. Ai pobres cadiuéus! Esse bugre Aniceto aí em cima é que vai perpetuar vocês? Nem xum.":

> — *O homem deixou o filho no cisco e saiu a pé comendo fruta do mato*
> *tem certidão desse homem por tudo quanto é vereda*
> *tem tapera e osso de caititu por tudo quanto é lugar.*
> — *Todas as coisas têm serventia sinimbus arvoredos*
> *de noite os passarinhos não tem onde descansar.*
> — *As nações já tinham casa, máquina de fazer pano,*
> *de fazer enxada,*
> *ssfuzil, etc*
> *foi criançada mexeu na tampa do vento.*
> *Isso destelhou as nações.*

Duas outras exceções apareceriam a partir da nossa contracultura: Gramiro de Matos e Roberto Piva. O primeiro surgiu em 1972, com o livro *Urubu rei*. No ano seguinte, publicou *Os morcegos estão comendo os mamãos maduros*. Ao seu nome real (Ramiro Matos), incluiu um "G" e o "de", como explica, "por encantamento de Gregório de Matos poeta y cae-cancioneiro lembruxas de mediekabala velha baía lu'ervilhas dos deuses navivos". A experimentação formal é a marca da sua prosa poética, altamente fragmentária, que mistura a influência de Guimarães Rosa, Sousândrade e James Joyce com a busca de uma absorção das estruturas narrativas e linguísticas ameríndias. Os seus livros, hoje pouco conhecidos, tiveram ampla repercussão crítica na época, por nomes do porte de Silviano Santiago, que escreveu:

Roberto Piva é um caso à parte. Mais conhecido por seus primeiros livros, como *Paranoia*, onde fez uma renovação do nosso melhor modernismo urbano ao realizar uma leitura delirante de São Paulo, dialogando com a poesia Beat e o surrealismo, Piva, a partir da década de 1980, começou uma pesquisa bastante fértil sobre cantos ameríndios, criando poemas de grande beleza nesta temática. São poemas marcados pela liberdade e sensibilidade do poeta, interessado então em cantos xamânicos, mas que merecem um estudo mais aprofundado pela capacidade que tiveram em absorver as imagens e estruturas dos cantos ameríndios brasileiros, como o paralelismo. Piva mesmo declara que o seu interesse no xamanismo está marcado pela liberdade expressiva possível dentro do tema:

Meu relacionamento é com o xamanismo, que é uma religião de poesia, não de teologia. De certa forma, até o candomblé é uma religião organizada. E o xamanismo, você pode realizar em qualquer parte, dentro de um trem, dentro de um ônibus. Você tem uma relação não-organizada com o sagrado.

Na última década, tem ocorrido um aumento de interesse pela cultura ameríndia, motivada pelo forte impacto de questões políticas em torno dos direitos indígenas. Em primeiro lugar, pela construção da Usina Hidroelétrica de Belo Monte, no Xingu, realizada de forma violenta e passando por cima dos direitos dos povos que lá habitam. Belo Monte virou um símbolo do desrespeito dos governos brasileiros em relação aos povos originários. Um símbolo ainda mais forte por se localizar no Parque do Xingu, lugar de extrema importância para a sobrevivência de diversas culturas ameríndias. Depois, pela ampla divulgação, potencializada nas redes sociais, do genocídio dos Guarani Kaiowá. Se Belo Monte não conseguiu uma mobilização maior da sociedade pela questão indígena, a questão Kaiowá teve ampla ressonância. Inclusive na poesia.

André Vallias, um dos pioneiros da poesia digital brasileira, criou um forte poema, denominado "Totem", sobre os Kaiowás. Como explica o antropólogo Eduardo Viveiros de Castro:

Tudo começou quando uma porção de gente de outros lugares do Brasil incluiu "Guarani Kaiowá" em seu identificador pessoal nas redes sociais, afirmando assim sua solidariedade polí-

*tica e espiritual com este povo indígena do Mato
Grosso do Sul. Os Kaiowá são um dos três subgru-
pos em que se divide a grande nação Guarani,
espalhada entre o Paraguai, o Brasil, a Argentina
e a Bolívia. A situação dos Kaiowá, que habitam
um estado arrasado pela monocultura de expor-
tação, é uma das mais terríveis por que passam
as minorias étnicas do planeta, implacavelmen-
te ignoradas, quando não deliberadamente ex-
terminadas, pelos entes soberanos nacionais e
pelos interesses econômicos internacionais.*

*Os Kaiowá ganharam notoriedade com a divul-
gação de uma carta indignada, dirigida às au-
toridades pelos membros de um de seus "acampamentos" de beira de estrada ou fundo de pasto
(a isto estão reduzidos). Cansados de serem per-
seguidos, escorraçados e assassinados por fazen-
deiros, políticos e outros próceres de nossa brava
nação brasileira, pediam que os matassem todos
de uma vez antes que aos pouquinhos. Essa carta furou o muro de silêncio hipócrita que costuma impedir que as vozes indígenas sejam ouvi-
das pelos demais cidadãos do país, e, graças ao
circuito informal das redes sociais da internet,
acabou tendo que ser divulgada pela mídia con-
vencional. Os Kaiowá somos nós. Os índios não
são 'nossos índios'. Eles não são 'nossos'. Eles são
nós. Nós somos eles. Todos nós somos todos eles.
Somos outros, como todos.*

*Somos deste outro país, esta terra vasta que se
vai devastando, onde ainda ecoam centenas,
milhares de gentílicos, etnônimos, nomes de po-*

vos, palavras estranhas, gramáticas misteriosas, sons inauditos, sílabas pedregosas mas também ditongos doces, palavras que escondem gentes e línguas de que sequer suspeitávamos os nomes. Nomes que mal sabemos, nomes que nunca ouvimos, mas vamos descobrindo. No fim das contas, todo nome é sempre isso, uma alegação que pede uma ligação, o apelo a uma outra coisa (do) que se é. Nomear é repetir o ser com uma diferença. Este é o método do totem. O poema de André Vallias é isso — um totem. Um poema que diz o que somos, quem somos, nossos nomes, os nomes de nossos "antepassados" míticos que nos distinguem no desconcerto das nações.

As três primeiras estrofes do longo poema, formado pela enumeração dos nomes dos diversos povos indígenas brasileiros, depois da palavra inicial "sou",

sou guarani kaiowá
munduruku, kadiwéu
arapium, pankará
xokó, tapuio, xeréu

yanomami, asurini
cinta larga, kayapó

waimiri atroari
tariana, pataxó

kalapalo, nambikwara
jenipapo-kanindé

amondawa, potiguara
kalabaça, araweté

já mostram a imensa potência da poesia, capaz de inverter
o lema de Nabuco: "Não somos brasileiros, somos guarani".

2

A partir da década de 1990, surgiu no Brasil um trabalho
de valorização dos cantos dos povos ameríndios, através de
traduções qualificadas, em sua maioria realizadas em parceria com membros dos povos, de seus cantos e narrativas.
Essas traduções, ao contrário dos esforços anteriores realizados por etnólogos, buscam manter as particularidades literárias e formais dos originais, e não apenas realizar uma
versão literal dos seus conteúdos. Realizadas muitas vezes
por poetas, com amplo domínio da linguagem, enfrentam
os difíceis desafios de trabalhar com termos irredutíveis
para a tradução, contextos muito diversos da nossa cultura
e a redução para a linguagem escrita de expressões que no
seu original utilizavam também do canto, da *performance* e
de dispositivos visuais.

Se pensarmos que o território brasileiros abriga atualmente mais de 300 povos, e que ainda é escasso o trabalho
de afirmação da literatura desses povos (os exemplos anteriores são poucos, como os já citados mitos do Jurupari e
Makunaíma, e o "Rã Txa Huni Kui", as narrativas kaxinawá
coletadas por Capistrano de Abreu, além da "Coleção Nar-
radores Indígenas do Rio Negro"), a publicação de diversos
livros sobre os cantos ameríndios nos últimos 30 anos é salutar, e digna de um estudo mais alentado. Por enquanto,
fazemos uma breve apresentação de alguns dos principais

volumes já editados, e o esboço de algumas questões que eles apresentam.

Mas o que são os cantos ameríndios? É um universo amplo e diverso, de difícil abordagem. Segundo Pedro Cesarino,

> *Esquece-se com frequência que o Brasil é um dos países com a maior diversidade linguística do mundo, pois aqui se fala grande parte das línguas ameríndias existentes (274, segundo censo recente do IBGE). Pouco conhecidas para além dos círculos restritos de linguistas e etnólogos, tais línguas se dividem em dois grandes troncos (Tupi e Macro-Jé), dez outras famílias (Tukano, Pano, Karib e Arawak, entre outros menores) e várias línguas isoladas. Esse panorama bastante vasto indica o tamanho do desafio de compreensão das línguas ameríndias e de seus universos criativos. Afinal, trata-se de um desconhecimento que ultrapassa o mero aspecto comunicacional, uma vez que cada língua implica em um mundo e suas formas de expressão, tais como aquelas relacionadas às poéticas da palavra. Apresento aqui algumas de suas direções principais, visto que merecem mais atenção dos interessados por outras formas de concepção de linguagem poética.*
>
> *Há toda uma variedade de modos pelos quais essas poéticas se exprimem. Eles possuem uma série de traços distintivos, muito embora não sejam isolados um dos outros e se articulem através de relações interverbais constantes. São comuns os cantos envolvidos em sistemas de cura*

em outras formas de ação ritual relacionadas ao xamanismo, notáveis nas artes verbais de povos como os falantes de língua tukano (Alto Rio Negro), pano (Amazônia ocidental) e arawak (diversas regiões da Amazônia), entre outros. Esses cantos costumam ser marcados pelo aprendizado rigoroso de uma linguagem ritual, constituída por metáforas, fórmulas fixas, léxicos especiais, enunciações polifônicas complexas e outras características. Ao longo de sua execução, um pajé pode convocar a ajuda de espíritos auxiliares ou de determinados agenciamentos responsáveis pela cura de um doente: daí a presença de imperativos e da cadência encantatória notável nesses cantos que, com frequência, são bastante extensos e de difícil tradução.

Há outras modalidades de artes da palavra, tais como a fala do chefe e os discursos cerimoniais. Caracterizadas pelas referências aos modos dos antigos, elas são constituídas por uma complexa opacidade semântica decorente do privlégio da intensidade e da potência oratória, referentes aos duelos verbais de caráter político e diplomático em que costumam ser executadas. São notáveis entre os povos do Alto Xingu, mas também entre os Yanomami, os Jivaro e outros.

Todas essas modalidades estão assentadas sobre as narrativas míticas, o referencial principal dos universos intelectuais ameríndios. Cantos de cura, por exemplo, vão procurar nos episódios míticos o processo de formação de entidades agressoras capazes de atormentar os viven-

tes (tais como sucuris, porcos do mato e outros animais dotados de espíritos potencialmente agressivos). Os cantos de pajé são, mais propriamente, atualizações dos tempos míticos através do tração de mediação dos pajés, que conectam outras referências a esta. É por aí que as pessoas comuns têm acesso às paisagens celestes visitadas pelos duplos (ou almas) de tais especialistas rituais, bem como notícias de outros agentes do cosmos que vêm em pessoa falar sobre seus conhecimentos e mundos. Por conta disso, tornou-se comum escutar na Amazônia que os pajés são como rádios, ou seja, transmissores de notícias e de formas outras de se viver. Também as falas cerimoniais de chefes e de lideranças procuram nas narrativas míticas seus exemplos de condutas éticas, conhecidas pelos antigos e necessárias para a continuidade de laços sociais.

Nas sociedades ameríndias, a elaboração da palavra é, portanto, central para sistemas cosmológicos que variam praticamente na mesma quantidade de línguas existentes. Através da palavra, torna-se possível pensar na relação com a morte e as doenças, na paisagem e nas transformações do que chamamos de natureza, no surgimento das cidades dos brancos e das destruições trazidas pela sociedade industrial. Muitas das poéticas indígenas elaboram uma ética da palavra fundamental para a constituição da pessoa e sua relação com os mortos, os espíritos e o mundo desolado em que vivemos. Sem esse *conhecimento, tudo se passa como se a pessoa permanecesse vazia.*

É sobre esse amplo e complexo universo de cantos ameríndos que poetas e pesquisadores se debruçaram nas últimas décadas. Em 1993, Antonio Risério publicou *Textos e tribos*, livro seminal sobre o tema no Brasil. Reunião de ensaios sobre literatura ameríndia e afro-brasileira, a edição foi assim saudada pelo antropólogo Eduardo Viveiros de Castro:

> *O que se encontrará nestas páginas alegremente veementes, cheias de um salubérrimo desrespeito às verdades adquiridas, é essencialmente um programa. Em primeiro lugar, convida-se a uma re-visão da literatura brasileira a partir de uma de suas exclusões constitutivas, a da alteridade poética dos índios e africanos, reduzidos a pretexto em detrimento de texto. Defende-se, em seguida, uma aliança entre etnografia e poesia, que avance além do necessário mas insuficiente ataque antropológico — onde o texto é geralmente subordinado ao contexto –, em direção a uma retomada propriamente poética das textualidades extraocidentais (e o autor nos dá alguns bons exemplos de como fazê-lo). Propõe-se, sobretudo, uma presentificação desta palavra alheia, tradicionalmente neutralizada por sua remissão a um passado histórico (alegorização do índio quinhentista) ou simbólico (folclorização das tradições negras e ameríndias). E se indicam, por fim, os rumos de uma análise dos procedimentos específicos de cada uma destas*

*muitas poéticas, capaz de apreciar as lições que
ali se encontram para os problemas universais
da expressão criativa humana.*

Textos e tribos traz, além dos ensaios, uma versão do
"Canto da castanheira", cantado pelo pajé araweté Kãñi-
paye-ro e originalmente publicado no livro *Araweté — os
deuses canibais*, de Eduardo Viveiros de Castro. A tradução
do canto foi retrabalhada por Antonio Risério, que ressalta:

> *É claro que não falo araweté. O que o leitor vai
> ler é, fundamentalmente, a versão de Viveiros.
> Fiz algumas alterações, abrasileirando os nomes
> dos personagens (em função tanto do "estra-
> nhamento" quanto do extrato sonoro do texto),
> enxugando algumas frases, procurando acumu-
> lar determinados grupos fonéticos (nasais, por
> exemplo) etc., mas sem arriscar muito no jogo.*

O "Canto da castanheira", na versão de Risério, e no presente volume reproduzido no ensaio "Palavras canibais", foi
um dos primeiros exercícios de divulgação para um público
amplo e não especialista de tradução de cantos ameríndios,
embora ainda não traduzido diretamente do original e sem
a relação, que se estabeleceria com frequência nas obras
seguintes, entre tradutores e membros dos povos ameríndios. *Textos e tribos* é um livro de ensaios criados com uma
linguagem livre e interventiva, com menos preocupações
de formalidades acadêmicas do que os outros volumes de
tradução que seriam criados posteriormente. Mas é exatamente essa liberdade que permitiu um texto mais saboro-
so e acessível, criando um debate bastante amplo entre os

poetas e pesquisadores de literatura no momento de seu lançamento, e cumprindo a tarefa inaugural de trazer luz à importância das poéticas ameríndias.

Quatro anos depois, Antonio Risério editou, em parceria com Roberto Pinho e Luiz Turiba, a revista *Invenção do Brasil*, uma publicação do Museu Aberto do Descobrimento. Nela, incluiu traduções de "tólo" kuikúros, realizadas pela linguista Bruna Franchetto, em um ensaio com o belo nome de "Diga cantando o que não pode ser dito falando" (reproduzido no presente volume). Como afirma Bruna, "a palavra tólo na língua kuikúro significa 'canto' e 'pássaro'. Assim os cantos voam, ou melhor, são feitos para voar". A edição desses poucos cantos kuikúros é significativa de um dos procedimentos adotados desde então para a publicação de cantos ameríndios: conhecimento da língua, relação direta com membros dos povos, através de longos trabalhos de campo, e ampla contextualização. Da mesma forma, é clara a preocupação em manter as qualidades textuais dos cantos na tradução, utilizando-se de aliterações e outros dispositivos poéticos.

Os trabalhos pioneiros de Bruna e Risério trouxeram frutos, e um paradigma de como tratar os cantos e as narrativas ameríndias se criou. A virada do século trouxe um aumento de iniciativas de traduções de cantos e narrativas ameríndias, em edições muito bem cuidadas e na maioria das vezes seguindo o mesmo modelo de relação direta com as etnias, contextualização ampla e conhecimento da língua. É o caso dos dois livros de cantos maxakalis organizados por Rosângela de Tugny, *Cantos e histórias do gavião-espírito* e *Cantos e histórias do morcego-espírito e do Hemex*, publicados em 2009. Neles, além da contextualização em ensaios sobre a etnia maxakali e em notas específicas, a reprodução de desenhos originais dos índios (entre eles um bestiário dos animais citados nos cantos, muitas vezes desconhecidos dos leitores) e a inclusão de DVDs com as gravações dos cantos possibilitam uma maior compreensão dos textos compilados. As centenas de cantos maxakalis traduzidos por Rosângela, que se enfeixam em narrativas, utilizam de diversos procedimentos sonoros e formais, como o paralelismo e o uso de fonemas não-semantizados.

Rosângela de Tugny adotou outro procedimento comum nos diversos trabalhos de traduções de cantos ameríndios que estão vindo a público: a manutenção de termos originais. Segundo ela,

> *Após alguns ensaios, optamos por manter uma série de termos na língua original. Geralmente, são os termos que remetem aos povos-espíritos. Traduzi-los seria propor aos leitores uma solução de facilidade que negaria e estas subjetividades o que elas possuem de irredutível. Mas também mantivemos termos que sempre me pareceram muito marcados na expressão dos Tikmun'un [maxakalis] quando eles falam português.*

Um glossário foi incluído no final dos volumes, para possibilitar a compreensão do leitor.

Além dos termos originais, existe outro desafio: os termos não-semantizados, que informam e formam muitos dos cantos. O modo de lidar com isso, assim como outros procedimentos, aproxima os novos trabalhos de tradução realizados no Brasil das pesquisas em torno da etnopoesia realizadas na América do Norte, por autores como Jerome Rothenberg. A proposta da etnopoesia, mais do que traduzir os cantos e poemas ameríndios como uma "poesia do outro", distanciada do cânone erudito ocidental, é de criar aproximações e analogias. As amplas antologias concebidas por Rothenberg misturam cantos de aborígenes australianos e dos índios hopi norte-americanos com poemas de Arthur Rimbaud, John Cage e os poetas concretos brasileiros. Ou seja, trata-se de alargar não só a concepção de poesia, mas as fontes possíveis de acesso a ela, criando estranhamentos e deslocamentos.

Como escreveu Rothenberg num manifesto de 1972, "Uma proposta acadêmica":

> *Por um período de vinte e cinco anos, digamos, ou durante o tempo necessário para uma nova geração descobrir onde ela vive, retire as grandes epopeias gregas dos currículos de graduação universitária & as substitua pelas grandes epopeias americanas. Estude o Popol Vuh onde hoje se estuda Homero, & estude Homero onde hoje se estuda o Popol Vuh: como antropologia exótica etc. (...) Encoraje os poetas a traduzirem os clássicos americanos nativos (uma nova versão para cada geração), mas primeiro lhes ensine a cantar. Deixe jovens poetas índios (que ainda sabem cantar ou contar histórias) ensinarem jovens poetas brancos a fazer isto. Lembre-se, também, que os antigos cantores & narradores ainda estão vivos (ou que seus filhos & netos estão), & que menosprezá-los, ou deixá-los na pobreza, é uma afronta ao espírito-da-terra. Chame esta afronta de pecado-contra-Homero. Dê aulas com um chocalho & um tambor.*

O termo "etnopoesia" é muito discutido, sendo relativizado atualmente até pelo próprio Jerome Rothenberg. Antonio Risério, com muita correção, já afirmou: "Para que falar de etnopoesia? Por que tentar impor esse rótulo à criação poética extra-ocidental? O que existe é a poesia, pura e simplesmente. Um poeta ocidental literário é um poeta e um poeta iorubano ou araweté tem de ser um etnopoeta? Tem de carregar essa corcunda taxonômica pela erudição ocidental? Não faz sentido". Mas a importância do trabalho de Rothenberg é imensa, até por ter sido ele o primeiro a tentar sistematizar o que ele chama de "tradução total", que abarca os diversos elementos da poesia ameríndia. O seguinte trecho de seu ensaio sobre tradução total pode ser importante para a compreensão dos desafios da tradução de cantos ameríndios:

A grande questão, da qual eu estava imediatamente consciente frente as poesias [dos índios navajo e seneca], era se & como lidar com aqueles elementos nas obras originais que não eram literalmente traduzíveis. Como no caso da maioria da poesia ameríndia, a voz carregava muitos sons que não eram, no sentido exato, "palavras". Estes sons tendiam a desaparecer ou a ser atenuados na tradução, como se realmente não estivessem lá. Mas eles estavam lá & eram pelo menos tão importantes quanto as próprias palavras. Tanto em navajo quanto em seneca muitas canções consistiam de nada mais do que esses vocábulos 'sem sentido' (nem mesmo 'sílabas desconexas', mas sons fixos e recorrentes de uma performance a outra). A maioria das ou-

tras canções tinha tanto elementos significantes quanto não significantes & tais canções eram frequentemente comentadas, enquanto estilo, pelas suas cargas sem sentidos. Sons sem sentido semelhantes poderiam ser, na realidade, chaves para as estruturas das canções. Assim havia todas estas indicações de que a exploração do "som puro" não era alheia à questão dessas poesias, mas estava no ou perto do coração delas: tudo isto também coincidia com a preocupação pelo poema-som entre vários poetas modernos; ao aceitar aqui sua expressividade, eu a aceitei com mais facilidade lá.

Importante ressaltar neste trecho a questão final colocada por Rothenberg: foi o encontro e a proximidade com as experiências modernas que permitiu ao poeta compreender a complexidade dos poemas ditos "primitivos", num jogo especular que remete à própria influência dessas culturas nas vanguardas modernas. Ao buscar uma tradução literária dos cantos ameríndios, com a intenção de absorver as suas diversas particularidades mediante o instrumental criado desde as vanguardas modernas, Jerome Rothenberg retirou de vez estes textos do campo dos especialistas, da antropologia que buscava nos cantos ameríndios mais o conteúdo do que a forma, e possibilitou a sua lenta penetração na sociedade.

No Brasil, não foi apenas Rosângela de Tugny que decidiu por incluir outros suportes para além da escrita nos livros de cantos ameríndios. O volume *Kosmofonia Mbya Guarani*, organizado por Douglas Diegues e Guillermo Sequera em 2006, traz um CD com os cantos. E os livros organizados por Pedro Cesarino sobre cantos e narrativas Marubo, *Oniska — poética do xamanismo na Amazônia* (2011) e *Quando a terra deixou de falar* (2013), são enriquecidos com uma série de desenhos originais dos marubos. Em todos os casos, a percepção de que a redução dos diversos elementos envolventes dos cantos originais para a palavra escrita pode não ser suficiente para a compreensão de suas riquezas.

Kosmofonia, como o nome indica, traz a tradução de cantos mbya guarani, com forte preocupação ao aspecto sonoro. O paralelismo de certos cantos os aproxima de mantras:

> *Viemos aqui nos alegrar*
> *Viemos aqui nos deliciar*
> *Vamos todos nos maravilhar*
> *Viemos aqui nos encantar*
> *Viemos aqui nos alegrar*
> *Vamos todos nos maravilhar*
> *Viemos aqui nos encantar*
> *Viemos aqui nos deliciar*

> *Viemos nos alegrar*

> *O menino cor de palmeira cor de sol resplandecente —*
> *o menino cor*
> *de folhagem morena brilhante —*
> *vai fazer você chorar*

> *Viemos aqui nos encantar*
> *Viemos aqui nos maravilhar*
> *Viemos aqui nos deliciar*

> *O menino cor de palmeira cor de sol resplandecente —*

o menino cor
de folhagem morena brilhante — vai fazer você sofrer

Viemos aqui nos alegrar

O menino cor de palmeira cor de sol resplandecente —
o menino cor
de folhagem morena brilhante —
vai fazer você se decepcionar
(...)

Segundo Douglas Diegues,

A essência e a medula da cultura Mbya Guarani
é a palavra. A palavra-alma, o orvalho em cha-
mas, as belas palavras primeiras. Para os Mbya
Guarani, a palavra se confunde com as origens
do universo. Cada Mbya é um obscuro e anôni-
mo artista da palavra, um poeta selvagem, um
profeta de seu tempo, um cantor de vanguarda
primitiva. Sua palavra é o seu próprio ser, seu
espírito, sua alma, sua essência. Em Mbya Gua-
rani, palavra é sinônimo de alma.

Já os textos Marubo coletados por Pedro Cesarino impressionam pelo perspectivismo. Como Cesarino explica,
para os marubo os cantos tem função diplomática, median-
do a relação com o ambiente ao redor:

A floresta, as árvores, os animais, todos eles têm
seu próprio ponto de vista. A humanidade está
distribuída. Para eles, uma sucuri pode ser gente

e uma multidão de araras pode ser um monte de espíritos de povos do ar. O rio, por exemplo, não é apenas um reservatório de água, é a morada em que vive o povo subaquático.

Outro elemento frequente nos cantos ameríndios é o paralelismo. Em especial quando relacionadas ao xamanismo, as artes verbais ameríndias utilizam da repetição verbal como elemento constitutivo. Especialmente porque não importa nelas o verso isolado, cada verso atuando como um fragmento de uma imagem maior. E é um elemento também de estranhamento dessas poéticas, já que o paralelismo foi, por muito tempo, uma forma depreciada na literatura ocidental.

Aqui, vale ressaltar a importância do trabalho do linguista Roman Jakobson, que, ao se debruçar sobre o folclore russo e no texto bíblico, conseguiu superar uma série de pressupostos e preconceitos em torno do paralelismo, antes tido como uma expressão de "redudantes mentes primitivas". A revalorização do paralelismo em Jakobson passa pela compreensão que a reiteração verbal remete a um universo maior, de "múltiplas afinidades vinculantes". Segundo Jakobson, foi importante a influência do filósofo e escritor alemão Herder para essa percepção:

Herder atacou resolutamente a ideia, bastante repetida, de que "o paralelismo é monótono e representa uma contínua tautologia". A sucinta resposta de Herder — "Nunca viu uma dança?" — seguida de uma comparação da poesia hebraica com uma dança, transferiu o paralelismo gramatical da classe da debilidade congênita e

de seus remédios à categoria apropriada de pro-
cedimento poético intencional.

Essa concepção positiva do paralelismo é reforçada também pela leitura de Gerard Manley Hopkins, que mostra a sua importância não apenas em textos tradicionais, mas também na poesia contemporânea. Como conta Jakobson,

> *Gerard Manley Hopkins, grande poeta inglês do século XIX, incompreendido em vida mas considerado hoje um clássico, e também excelente teórico da poesia, fez, ainda estudante, observações muito agudas sobre o paralelismo, indicando a repetição de sons, a repetição de categorias gramaticais, a repetição de construções frásicas, fenômenos que é fácil descobrir na Bíblia mas que — acentuava Hopkins — se multiplicam também na poesia contemporânea, apenas a um nível de maior complexidade. E é exatamente assim.*
>
> *Nos manuais (nunca se deve acreditar nos manuais!) lê-se que o paralelismo canônico é monótono, por vezes que, bruscamente, é desrespeitado. Mas não se vê que, por exemplo, o fragmento mais antigo do "Cântico dos Cânticos", nos versos "Vem do Líbano, minha noiva / Vem do Líbano, vem", o paralelismo não foi quebrado, já que o imperativo (vem) e o vocativo (minha noiva) se correspondem em função conativa; a poesia do "Cântico dos Cânticos" é mais sutil que os manuais... Observamos aqui formas diferentes com idêntico valor, a combinação da identidade com*

Essa compreensão da importância do paralelismo é fundamental para o entendimento da potência das artes verbais ameríndias, como ressalta Pedro Cesarino em seu trabalho de pesquisa e tradução.

Voltando para as traduções de cantos ameríndios, um caso à parte é o livro *Roça barroca*, de Josely Vianna Baptista, onde ela retrabalha os cantos Mbya Guarani coletados pelo paraguaio León Cadogan nos anos 1940, e publicados originalmente em 1959, no volume *Ayvu rapyta*. Esses cantos já haviam sido vertidos para o francês por Pierre Clastres, em 1974, no livro *Le grand parler*, que só foi publicado no Brasil em 1990, com tradução de Nícia Adam Bonatti e o título de *A fala sagrada*. Como diz Clastres no prefácio ao volume,

> *As Belas Palavras: assim os índios guarani denominam as palavras que lhes servem para se dirigir a seus deuses. Bela linguagem, fala sagrada, agradável ao ouvido dos divinos, que se consideram dignas de si. Rigor de sua beleza na boca dos sacerdotes inspirados que as pronunciam; embriaguez de sua grandeza no coração dos homens e das mulheres que os escutam. Essas ñe ë porá, essas Belas Palavras, ecoam ainda nos lugares mais secretos da floresta que, desde sempre, abriga aqueles que, autonomeando-se, Ava, os Homens, se afirmam assim depositários absolutos do humano.*

Essas diversas edições de cantos ameríndios, realizadas com apuro, conquistaram reconhecimento crítico — inclusive prêmios literários. Mas ainda estão distantes do conhecimento de um público mais amplo, mesmo entre os leitores habituais de poesia. Exercícios de aproximação estão ocorrendo nos últimos anos. Em 2012, Max de Carvalho publicou uma ampla antologia de poesia brasileira na França, denominada *Le poésie du Brésil*, onde inclui algumas narrativas orais do Xingu, recolhidas durante os séculos XVI, XIX e XX. E, no ano seguinte, realizei uma antologia de 10 volumes de poesia brasileira, *Poesia.br*, com um dos volumes dedicado aos cantos ameríndios, de forma inédita no Brasil. Nos dois casos, a busca de um diálogo entre os cantos ameríndios e a poesia brasileira, colocando-os em pé de igualdade com autores consagrados, como Machado de Assis, Carlos Drummond de Andrade, Manuel Bandeira e João Cabral de Melo Neto, e contemporâneos.

A antologia *Poesia.br* trouxe, além da seleção de alguns cantos de livros de Risério, Josely Vianna, Douglas Diegues e outros, traduções inéditas. É o caso dos cantos kashinawá traduzidos por Daniel Bueno em parceria com diversos membros da etnia, e a tradução de Sergio Medeiros para um canto bororo. Sergio Medeiros organizou em 2002 o importante volume *Makunaíma e Jurupari — cosmogonias ameríndias*, com ensaios e novas traduções das narrativas, realizadas por Aurora Fornoni Bernardini (Jurupari) e Henrique Roenick (Makunaíma). Para o *Poesia.br*, retrabalhou o "Canto da anta", presente na *Enciclopédia bororo*, e no presente volume apresentado no ensaio "Cantos de caça bororo".

Embora ainda em pequeno número, é contínuo o crescimento de interesse entre poetas e pesquisadores universitários sobre a tradução de cantos ameríndios. Guilherme

Orlandini Eurichi apresentou em 2017 um belo apanhado da tradução da cantos Araweté, "As flores do Maɨ", aqui também reproduzido. Bruna Franchetto segue fazendo um trabalho apurado de estudo linguístico e das poéticas ameríndias. E há aproximações mais livres já ocorrendo, como é o caso das "traduções canibais" de Álvaro Faleiros.

Uma questão apresenta-se sempre que se trata de publicar cantos ameríndios: Deve-se buscar sempre a contextualização? Nas duas antologias supracitadas, estas não ocorreram. E havia motivos para isso. Segundo Max de Carvalho, "a poesia faz suas próprias leis". A contextualização de poemas de qualquer literatura não é automática. Ou a exigência de explicitar-se o contexto se generaliza ou se cria uma diferença artificial entre os cantos ameríndios a os poemas da literatura brasileira corrente. Em segundo lugar, oferecer diretamente ao leitor a fluência do texto, sem a obrigação de passar por vastos ensaios introdutórios e explicativos, é importante para a construção de um diálogo mais aberto entre as culturas envolvidas. Mas, no caso, eram antologias amplas, que traziam um panorama da poesia brasileira como um todo. Uma proposta que pede uma abordagem mais leve e ágil sobre os textos reunidos.

Já no caso do presente volume, buscamos focar exatamente nos cantos ameríndios, de forma aprofundada, com um trabalho ensaístico de contextualização não apenas da cultura dos povos de onde foram traduzidos os cantos, mas também da própria tradução. É, certamente, a melhor forma de se aproximar destes textos: com todo o arcabouço conceitual que permita a sua compreensão, transportando o leitor para diferentes culturas e realidades.

3

Desde meados da década de 1990, um novo fator surgiu em torno da presença dos ameríndios na literatura brasileira: a literatura escrita pelos próprios autores indígenas. Resultado do chamado "renascimento indígena", ocorrido a partir da segunda metade da década de 1970, que criou um amplo engajamento político de diversos povos pela luta por direitos dos povos ameríndios, em torno de movimentos como a União das Nações Indígenas, essa nova corrente literária tem permitido a criação de linguagens próprias, que lidam com as culturas tradicionais dos povos de origem e também com questões atuais inter, entre povos e na relação com a sociedade brasileira como um todo. É um movimento que segue uma tendência importante de autonomia, sem necessitar de intermediários, tradutores, antropólogos ou escritores não-indígenas para a própria comunicação. Uma literatura que surge também da percepção de que faltavam autores nativos para escrever sobre o universo das culturas ameríndias. Como conta o poeta Olívio Jekupé, um dos pioneiros da literatura indígena:

Quando eu era pequeno, gostava muito de ver a mata, os animais; tudo isso me fazia feliz. Mas também aprendi cedo a gostar de ler, e o meu maior prazer era ler tudo que se referia à questão indígena. Livros escritos por antropólogos, historiadores, literários havia demais. Mas algo me deixava naquela época impressionado: eu tentava ver se achava algum livro escrito por índios e não conseguia. Como nossos parentes são grandes contadores de histórias, imaginava que teríamos grandes escritores. Isso seria muito im-

portante, porque a sociedade ia conhecer uma cultura, mas escrita pelo próprio povo; como exemplo, temos nossos Guarani, tem os Xavante, Terena, Tukano, Tikuna e tantos outros; mas sempre que eu lia algo sobre alguma nação, esse algo era escrito pelos não-indígenas e isso me deixava muito angustiado. Isso me fazia pensar muito se um dia teríamos nossos próprios escritores e que eles faziam muita falta.

Essa ausência sentida foi aos poucos sendo preenchida, com o surgimento, durante a década de 1990, dos primeiros autores indígenas, com o próprio Olívio Jekupé, Daniel Munduruku, Kaká Werá, Graça Graúna e Eliane Potiguara, que de forma pioneira vieram a campo lutar pela presença de uma voz própria na literatura. Um fenômeno renovador, que também é fruto do maior acesso à alfabetização e à educação formal, uma demanda cada vez maior do movimento indígena. Segundo Daniel Munduruku,

É claro que em nenhum momento as sociedades indígenas deixaram de resistir e lutar pelo que consideravam importante para a manutenção de suas culturas tradicionais. E mesmo tendo sido imposto um modelo de sociedade ao qual deveriam abraçar para tornarem-se mais humanos — no pensar do ocidente capitalista — estes povos não desistiram de sonhar um encontro em que pudessem mostrar toda sua riqueza humana. Neste sentido, o surgimento do movimento indígena organizado, na virada da década de 1980, foi fundamental para mudar a forma de relação com a sociedade brasileira. Naquela ocasião, jovens que foram mandados por suas comunidades para estudarem nas cidades iniciaram um movimento que culminaria no estabelecimento de um novo paradigma com o governo brasileiro.

No início de tudo, estes jovens lutavam por coisas muito práticas: demarcação das terras habitadas imemorialmente pelos povos indígenas; assistência à saúde; educação diferenciada que levasse em consideração as diferenças étnicas; desenvolvimento de projetos de economia alternativa, sobretudo para aquelas comunidades com maior tempo de exposição à sociedade envolvente e que já não dominavam mais a técnica tradicional de economia.

Mais tarde e com uma nova geração de lideranças, houve uma preocupação na formação de técnicos indígenas e formação universitária, o que vem ocorrendo até os dias de hoje. Neste ínterim, foram surgindo os primeiros ensaios de uma literatura eminentemente indígena. Isso se deu justamente pela constatação de que os indígenas, apesar de todo o avanço político que haviam conquistado, não conseguiam falar por si mesmos. Eram sempre representados por estudiosos, antropólogos, cientistas. Esses parceiros acabavam por assumir um papel de paladinos dos direitos indígenas, mas acabavam também por tornarem-se uma barreira para o aparecimento de vozes nativas na literatura.

Daniel Munduruku lançou em 1996, com ampla repercussão, o seu primeiro livro, *Coisas de índio*. Na mesma época, Kaká Werá publicou *Todas as vezes que dissemos adeus*, ambos considerados marcos da literatura indígena. Em um texto chamado "Além das lendas", Kaká explica como uma das questões que tiveram que lidar para conquistar espaço na literatura brasileira foi a visão preconceituosa em torno das culturas dos povos ameríndios:

> *Uma questão que cabe ressaltar é que a ideia de que as culturas indígenas só relatavam lendas é pura "lenda". Muitas vezes, quando deparo com alguém que me pergunta o que faço, quando digo que sou escritor indígena, logo emendam: "ah, sei, escreve lendas..." E só me resta suspirar e abanar a cabeça. O fato é que o território cultural/cosmogônico dos povos nativos possui percepções e considerações em relação a níveis e planos de existência que vão além daquilo que percebemos com os cinco sentidos. Outras dimensões de vida são expostas em histórias onde se apresentam seres encantados, espíritos, animais, árvores e pedras que falam. Soam para a estrutura de pensamento cartesiano da sociedade não-indígena como fantásticas ou fantasiosas, por isso enquadrando-se no gênero "lenda". No entanto, alguns clássicos da literatura oral indígena são relatos filosóficos de alguns povos. Sim, são partes de uma linguagem simbólica nascida das diversas inteligências de suas respectivas tradições, portanto de difícil associação ao modo de pensar e ver do "homem branco"*

*ocidental, ao mesmo tempo em que necessaria-
mente não são metáforas e nem parábolas para
defender determinadas lógicas.*

*O que eu quero dizer com isso é que, por exem-
plo, a lenda do guaraná, a lenda da mandioca, a
lenda do milho podem talvez não ser uma metáfora que busca representar o ensinamento de determinados valores. Do ponto de vista dos maués,
dos tupis e dos guaranis, essas histórias para cada
um deles podem ter realmente acontecido.*

Para além da questão do mito, outra se coloca fortemente em torno da literatura indígena: a autoria. Há a concepção pré-estabelecida em nossa sociedade de que a cultura
dos povos ameríndios é sempre coletiva. E, na verdade, existe, mesmo no contexto oral, a individualidade autoral dos
cantos. Esse elemento autoral é amplificado na escrita, que
traz a experiência existencial e a própria imaginação dos
escritores, além dos elementos culturais de seus povos de
origem. Descendente de Potiguara, Graça Graúna é poeta e
acadêmica de grande qualidade. Seu livro *Contrapontos da
literatura indígena contemporânea no Brasil* é uma referência para os estudos na área. Nele, Graça Graúna reflete sobre
a questão da autoria na literatura indígena:

*A literatura indígena contemporânea é um lugar
utópico (de sobrevivência), uma variante do épico tecido pela oralidade; um lugar de confluên-
cia de vozes silenciadas e exiladas (escritas), ao
longo dos mais de 500 anos de colonização. En-
raizada nas origens, a literatura indígena contemporânea vem se preservando na auto-histó-*

ria de seus autores e autoras e na recepção de um público-leitor diferenciado, isto é, uma minoria que semeia outras leituras possíveis no universo de poemas e prosas autóctones. Reconhecer a propriedade intelectual indígena implica respeitar as várias faces de sua manifestação. Isso quer dizer que a noção de coletivo não está dissociada do livro individual de autoria indígena; nunca esteve, muito menos agora com a força do pensamento indígena configurando diferenciadas(os) estantes e instantes da palavra. Ao tomar o rumo da escrita no formato de livro, os mitos de origem não perdem a função, nem o sentido, pois continuam sendo transmitidos de geração em geração, em variados caminhos: no porantim, no traçado das esteiras e dos cestos, na feitura do barro, na pintura corporal, nas contas de um colar, na poesia, na contação de histórias e outros fazeres identitários que os Filhos e as Filhas da Terra utilizam como legítimas expressões artísticas, ligando-as também ao sagrado.

Essa visão é corroborada por Eliane Potiguara. Autora do livro *Metade máscara, metade cara*, Eliane foi uma importante pioneira da luta pelos direitos das mulheres indígenas, criadora do Grumin, Grupo de Mulheres Indígenas. Forte defensora dos direitos autorais indígenas, ela festeja a consolidação da literatura indígena nos últimos anos, como forma de resistência cultural:

A literatura a que me refiro é assim, vem fazendo a caminhada passo a passo com as expressões de artistas do passado e da contemporaneidade, cantando e contando a cultura popular. São os escritos caboclos, indígenas, afrodescendendes, mestiços e todas as expressões que não tiveram VOZ. E a literatura indígena, que do estágio oral saltita pelas letras escritas na estratégia da vivificação das histórias de vida dos ancestrais, clama por sobrevivência e justiça dos direitos autorais. O reconhecimento dos conhecimentos tradicionais, para que seja perpetuado em saberes antigos de curas indígenas, como um patrimônio histórico e cultural, precisa flamejar pelo território nacional a desembocar nas mentes e corações dos escritores indígenas como as águas do Rio Amazonas, que flui mais belo: um reconhecimento conquistado! Assim será para os próximos tempos. A Mãe dos Deuses na defesa da floresta e do planeta, promovendo conhecimento e estimulando a leitura no Brasil e no mundo. O autor e a autora indígenas — aqueles que andam com o guerreiro e a guerreira à sua frente — acabam de florescer a cura desde a ancestralidade oral sedenta pela escrita e por isso ganha de presente parte dessa cura secular, da almejada, da sedenta visibilidade literária indígena, hoje uma conquista em realidade.

Em 2003, foi realizado o I Encontro de Escritores Indígenas. Nos anos seguintes, o evento se tornou regular, criando um debate público em torno da literatura indígena contemporânea e uma articulação para a inserção dessas obras na educação. Em 2008, foi sancionada a Lei 11.645, que incluía a temática indígena nos currículos escolares. Conquista de uma longa luta, essa lei permitiu ainda mais o fortalecimento da literatura indígena, com o aparecimento de novos autores e a constituição de um público ampliado. São escritores de diferente povos e vozes, criando um panorama enriquecido das suas culturas e das temáticas contemporâneas. É o caso, por exemplo, de Jaider Esbell, Thiago Hakiy e Márcia Wayna Kambeba.

Márcia, além de escritora, tem realizado um importante trabalho político e educacional. Ela defende a importância da literatura indígena nas escolas:

> *A literatura indígena tem contribuído com o conhecimento de crianças das redes municipais e estaduais na cidade, universidades, em um nível de saber que a escola e os bancos universitários não têm como conceber. Por exemplo, o tempo do rio, conhecimentos essenciais para caminhar na mata fechada, saberes de cura espiritual e física, culinária específica indígena. Um saber complementa o outro. Mas precisamos de mais livros de autores indígenas circulando nas salas de aulas das cidades e aldeias.*
>
> *Uma das vertentes literárias utilizadas por escritores indígenas é a poesia. Mas será que podemos pensar em uma educação poética? Apresentar um texto em sala de aula com rimas e versos é estimulante. Pode-se informar e denunciar acerca de temas relacionados à cultura dos povos, à questão ambiental, entre outros. A poesia nas mãos do professor torna-se uma ferramenta didática a ser utilizada em sala de aula. E os in-*

dígenas sempre buscaram poetizar sua vivência. O contato do corpo com a água num banho de rio à tardinha é uma bela imagem poética a ser apresentada aos olhos atentos de quem busca narrar a relação homem x natureza. Pela poesia, a criança ou mesmo o adulto leitor entende que há uma preocupação forte em cuidar de bens tão necessários e preciosos como a água e seu uso pela população.

O fortalecimento da literatura indígena nas últimas décadas teve também a contribuição do surgimento das mídias digitais. Com a maior possibilidade de divulgação de seus textos e a criação de redes de trocas de ideias, os autores indígenas conseguiram ampliar o seu alcance, sem perder as formas tradicionais de transmissão cultural dos seus povos. Segundo Thiago Hakyi,

Não podemos mais pensar em um indígena da época da invasão colonizadora, uma figura petrificada no tempo, que foi estereotipada ao longo de todo o processo de formação de nossa nação brasileira. O indígena de hoje deve também ser pensado como um indivíduo que está inserido no meio da sociedade — logicamente sem deslembrar que faz parte de uma cultura que tem sua singularidade –, que pode ser e agir como qualquer outro indivíduo, sem esquecer sua cultura originária. E sua cultura é riquíssima e esta deve ser preservada, usando também, quando possível, os mecanismos tecnológicos, pois somente assim estaremos criando profi-

laxias necessárias para a manutenção do legado indígena. Legado este que muitas vezes, em noites de lua cheia, ao redor das fogueiras acesas, quando ouvia-se apenas o canto dos pássaros e o silencio ensurdecedor da floresta, era repassado pelo contador de histórias.

O contador de histórias sempre ocupou um papel primordial dentro do povo, era centro das atenções, ele era o portador do conhecimento, e cabia a ele a missão de transmitir às novas gerações o legado cultural dos seus ancestrais. Foi desta forma que parte do conhecimento dos nossos antepassados chegou até nós, mostrando-nos um caleidoscópio impar, fortalecendo em nós o sentido de ser indígena. Em sua essênca, o indígena brasileiro sempre usou a oralidade para transmitir seus saberes, e agora ele pode usar outras tecnologias como mecanismos de transmissão.

Aí está o papel da literatura indígena, produzida por escritores indígenas, que nasceram dentro da tradição oral, que podem não viver mais em aldeias, mas que carregam em seu cerne criador um vasto sentido de pertencimento. Esta literatura tem contornos de oralidade, com ritos de grafismos e sons de floresta, que tem em suas entrelinhas um sentido de ancestralidade, que encontrou nas palavras escritas, transpostas em livros, não só um meio para sua perpetuação, mas também para servir de mecanismo para que os não-indígenas conheçam um pouco mais da riqueza cultural dos povos originários.

A literatura indígena é também uma estratégia de visibilidade, seja das culturas de seus povos, seja das lutas desses povos por terras e direitos. E tem sido acompanhada de outras manifestações culturais. Na música, nas artes visuais, no cinema, há um crescimento da presença de autores indígenas. Artistas visuais como Denilson Baniwa, Daiara Figueroa Tukano e Jaider Esbell tem conquistado reconhecimento nacional e internacional e importantes prêmios, mostrando uma arte que sabe lidar tanto com a cultura tradicional de seus povos quanto com a arte contemporânea. Jaider Esbell é, além de artista, escritor, com uma forte reflexão sobre essas estratégias de ação cultural:

> *O produto cultural do índio contemporâneo é, antes de tudo, um testemunho fiel de um sentimento sem tempo definido. Em uma visão mais ampla, é um transgredir constante a relação dos índios com a arte nesse tempo, que já soma alguns milênios em muitos palcos. Por ancestralidade acessam a genética das origens e não desenham uma história repetida ou contam uma história mal contada. Não tem qualquer tempo ou fronteira. Lidam com intimidade com metafísica, metalinguagens, invisibilidades e, agora, têm muito mais que a oralidade, têm a mídia.*
>
> *Hoje os índios fazem arte em tudo e são premiados como tal e, dessa forma, a arte, os prêmios, as linguagens artísticas são resgatadas nos circuitos da arte e levados para o circuito do povo. O índio atual vive onde e como pode e vê-se arte no meio da floresta, onde não está alheio ou iso-*

lado de recursos ou atingido por fragmentos de resíduos do grande mundo cíclico.

A oralidade já fez muitos viajantes. Um narrador e seu ouvinte, um céu e uma galáxia. Forma, essa frase, uma paisagem inicial no nosso imaginário e ao darmos um zoom chegamos ao alcance dos sentimentos, que rementem à memória e hoje viram literatura e povoam a internet, influenciando um tempo em transição.

No tocante à conjuntura, é o protagonismo que permite revelar em mídia aberta que a notabilidade dos índios artistas ou escritores são frutos da resistência secular de seus ancestrais. A luta dos mais velhos, a luta dos antigos, que inclui, sim, manter-se invisível como estratégia, como agora exigem manter-se em visibilidade para não ficar soterrado, à parte dos grandes eixos gerais, a grande política, a luta de poder com poder. Em sentido mais prático, o aparelho estatal prepara medidas drásticas para o pouco alcançado, a negação definitiva do acesso à terra, as revisões e suspensões dos direitos adquiridos, a negação ao direito do amplo manifestar-se, numa nova onda de criminalização e sentenças para os plenos atos de fé e espiritualidade nestes mesmos canais de mídias onde providencialmente alguns furam os cercos e alardeiam que é possível, mas é preciso lutar.

Esses escritores indígenas contemporâneos estão criando uma linguagem própria, livre, lidando com as suas tradições e também com uma relação aberta com as outras culturas. E, dentro de uma tendência importante, sem necessitar de intermediários, tradutores, antropólogos ou acadêmicos para isso. São autores de grande qualidade e importância. Mergulhar em suas obras permite não apenas uma maior compreensão sobre a cultura de seus povos, mas também sobre os diversos desafios em torno dessa atividade criativa e o uso das novas mídias. Ao tratar com questões como autoria, tecnologia, comunicação e representatividade, os escritores indígenas mostram uma incrível capacidade de criar respostas a questões complexas da atualidade.

É um testemunho de uma luta que segue cada vez mais atual, pela conquista de espaços e vozes, mas também pela preservação dos espaços tradicionais. Uma literatura que quer correr mundo, mas quer também o direito ao seu território. Ailton Krenak, certamente um dos maiores pensadores já surgidos nessas terras, assim descreve esse movimento duplo de luta:

> *Eu penso que o poder da cultura é como uma onda, a onda do mar, como a maré. Ela tem momentos de grandeza, visível para todo mundo, e depois ela tem momentos em que parece que mergulha em si mesma. Quando eu era pequeno, minha curiosidade sobre essas coisas foi sempre olhando de dentro da cultura de uma tribo, de dentro de uma coisa que já sofre certa segregação no arranjo das culturas em geral. Eu olhava com uma curiosidade muito grande tudo quanto era artefato, artesanato, tudo quanto era mágica que eu via. Os camaradas que passavam, fazendo aquelas danças de caboclo, que são umas coreografias meio afro-indígenas. Um*

grupo de dezoito, vinte camaradas dançando, batendo uns porretes, dando uns gritos. E criam um som, e tem o mestre desse ritual que dá umas chamadas. Isso aí era uma coreografia muito comum quando eu tinha oito, dez anos. Para fazer isso não precisa de nenhum suporte, não precisa de palco, não precisa de nada. Pode-se fazer isso no meio da rua. Na zona rural ainda existe um pouco disso, mas eu acho que o Brasil está rapidamente sumindo com esses espaços de autonomia. Nós estamos passando por uma coisa curiosa: ao mesmo tempo em que a gente ganha novos espaços de expressão da cultura, a gente vê desaparecer alguns lugares da cultura, que eram lugares naturais dela. Eles eram tão públicos que eram no meio da rua, na frente do armazém, nos pátios dos sítios, das fazendas. Eu tive oportunidade de assistir a cenas assim, que fizeram a minha cabeça, vendo gente tipo tropeiros, andando de um lugar pro outro.

Esses espaços são um pouco aquela imagem da onda que sobe, das marés que aparecem vultosas, depois somem. Porque esses são lugares com uma grande potência, no sentido político. Mais do que o sentido de autonomia, têm um sentido de surpreender e de inventar. E a surpresa e a invenção, nesse caso, podem se conflitar com outros movimentos que acontecem ao mesmo tempo, como a acomodação dos povos nos lugares, dos sítios. O que é um quilombo? O que é uma vila, um patrimônio, uma cidade, uma praça, uma terra indígena? Isso tem a ver com a economia, com a ocupação territorial. Alguns desses lugares a que estamos nos referindo, esses sítios, esses terreiros, não foram disputados por uma ação da cultura, foram tomados pela especulação imobiliária. Nasceu um prédio naquele lugar, uma torre, nasceu uma onda qualquer, um shopping, uma igreja. É uma coisa política. Tem uma realidade potente de política acontecendo ao mesmo tempo, no qual a expressão da cultura, o ato da criação, da tradução da cultura, é "bala com bala", é "o pau comendo". É um processo de resistência, de recriação, de reinvenção, para as pessoas se tocarem que cultura não é um fenômeno pacífico.

4

O presente volume traz uma série de ensaios e traduções de cantos ameríndios. É um documento do esforço que tem sido feito na área por poetas, pesquisadores e antropólogos. Uma das faces dessa luta pela diversidade cultural, pela visibilidade e pela resistência das culturas dos povos ameríndios. Um panorama inédito, que segue por quase três décadas de trabalho de tradução e divulgação dos cantos ameríndios. São textos de Antonio Risério, Bruna Franchetto, Sérgio Medeiros, Josely Vianna Baptista, Pedro Cesarino, Rosângela de Tugny e Guilherme Orlandini Heurich, sobre cantos de povos como Araweté, Kuikuro, Bororo, Mbya Guarani, Marubo e Maxakali. A todos eles, agradecemos a generosidade de terem autorizado a reprodução de seus textos.

O surgimento de escritores indígenas, de traduções qualificadas de cantos e narrativas ameríndios e de livros que se relacionam com essas culturas é muito salutar. Essa reconquista da importância dos povos da floresta na cultura brasileira, não apenas na literatura, mas nas suas diversas manifestações, é um fato novo, e que precisa ser atentado. A importância disso não pode ser medida: como registro e afirmação — especialmente em um momento político em que os direitos indígenas conquistados durante a Constituição de 1988 são colocados em risco pelas políticas governamentais — e também como potência de transformação da nossa própria cultura, tão domesticada no urbano cotidiano. Já lembrava Ezra Pound que todo período de grande invenção foi precedido de um tempo de trocas culturais, ou seja, de contato com o alheio que permite que a cultura respire e se reinvente.

PALAVRAS CANIBAIS

Antonio Risério

Estes não são poetas quaisquer, mas sacerdotes, profetas, videntes, isto é, homens que a comunidade crê estarem em relação com os deuses. Quando falam são os deuses que falam por suas bocas
Marcel Mauss

1

Vamos nos colocar sob o signo de Sousândrade. Qualquer conversa sobre poéticas indígenas da Amazônia tem que passar por aí. O texto sousandrino, no que traz de mais brilhante e antecipador, aponta para duas direções. De uma parte, refletindo a projeção dominadora dos EUA sobre o continente, enfronha-se no processo urbano-industrial. De outra, mergulhado na solidão mágica das terras amazônicas, denuncia a desintegração final do mundo indígena brasileiro, plantando-se então em terreno antropológico. Interessa-me aqui esta encruzilhada poético-antropológica. É que acabo de atravessa um trabalho fascinante: *Araweté — Os deuses canibais*, de Eduardo Viveiros de Castro. É possível extrair daí, em termos genéricos, o que seriam as linhas básicas de uma poética araweté. E a figura de Sousândrade pairou sobre a leitura. Como alguns de seus companheiros do movimento romântico, Sousândrade afirmava a existência de um texto criativo ameríndio. E conhecia diretamente a vida indígena, favorecido ainda pelo acaso de ter nascido no Maranhão. Foi talvez o primeiro "moderno" a ter olhos para o Jurupari, mito aborígene da dominação masculina. Daí o valor também documental da sua obra. Mas há mais. Frisando que Sousândrade era um poeta mais do que interessado na linguagem indígena, Augusto de Campos me fez, recentemente, a seguinte observação: com o "Tatuturema", Sousândrade parece ter "pré-prenundado" e incorporado à sua poesia a matriz do canto ameríndio. E citou, a propósito, a passagem: "— A grinalda teçamos / Às cabeças de lua: / Oaca! yaci-tatá! Tatá-yrá, / Glórias da carne crua!".

Sob o signo de Sousândrade, portanto. Foi com olhos sousandradinos que percorri as páginas de Viveiros de Castro. E que se diga logo: *Araweté — Os deuses canibais* é um livro rico, atrevido, composto sem medo do risco da originalidade. Devemos colocá-lo no rol das grandes obras tupinológicas, ao lado dos estudos de Métraux e Florestan Fernandes. Seu tema é a cosmologia araweté, submetida a um exame descritivo-interpretativo ao qual não faltam excursões comparativas, com a convocação ao tablado de outros povos de cultura tupi-guarani. Discutindo temas que vão do conceito de pessoa ao canibalismo divino (os arawetés acreditam que, pós-morte, serão devorados pelos deuses, que depois os ressuscitarão a partir dos ossos), o que Viveiros deseja é propor uma visão da metafísica araweté — e para isso recorre à poemúsica tribal, em cuja exposição nos concentraremos adiante. Estamos aqui anos-luz além da fantasia daqueles missionários que, no século XVI, pensavam que a alma indígena fosse página de uma brancura virgem, onde poderiam imprimir os dogmas do catolicismo. Trabalhos como os de Hélène Clastres, Manuela Carneiro da Cunha,

Viveiros de Castro e outros nos mostram, ao contrário, o quanto é labiríntica a tessitura da alma ameríndia. Antes que página-em-branco, profusão de hieróglifos, plenitude de signos, palimpsestos. Irresistindo à provocação, direi que há apenas um ponto (além do estilo, é claro) em relação ao qual a atual antropologia brasileira tem ficado aquém do etnografismo colonialista-cristão dos séculos XVI e XVII. Refiro-me à questão sexual. Discuti o assunto com o antropólogo Ordep Serra. Naqueles tempos em que o "europeu saltava em terra escorregando em índia nua" (Freyre), o escritor era moralista, mas não recuava diante do assunto. Ocorreu então uma inversão: nossos atuais antropólogos podem não ser puritanos pessoalmente, mas a literatura que produzem é. O sexo se tornou uma espécie de tabu da antropologia brasileira contemporânea. E Sousândrade: "— Carimbavam as faces / Bocetadas em flor, / Altos seios carnudos, / Pontudos, / Onde há sestas de amor". Ainda aqui, em todo caso, Viveiros destoa do padrão. Fala da *ars amatória* araweté; da prática indígena da manipulação dos grandes lábios vaginais; da iniciação sexual de meninos e meninas; da instituição da *apíhi-pihã*, sistemática da troca de cônjuges, *swing* florestal institucionalizado.

Mas deixemos a sexualidade indígena e o esquisito bloqueio antropológico. Meu assunto é poesia. E aqui não posso deixar de fazer uma crítica geral. Ao ler meus escritos sobre o texto criativo extra-europeu, onde reclamo da desatenção de nossos escritores para criações textuais nascidas fora do círculo estritamente literário, um poeta brasileiro protestou, ponderando que eu carregava na cobrança aos poetas, quando deveria cobrar mais incisivamente dos etnógrafos. Por que Darcy Ribeiro, em vez de romances descartáveis, não nos deu uma antropologia comentada da poesia indígena? — me perguntou. De fato, Darcy nos deu apenas uma pobre coletânea da arte vocabular kadiwéu. E tenho que reconhecer que a observação é correta. Não só os poetas precisam abrir os olhos e o coração para a poesia indígena (e africana), como os etnógrafos precisam nos mostrar mais sistematicamente a colheita poética de suas expedições. Sei que muitos são insensíveis ao assunto — mas outros, não. Posso citar os exemplos de Viveiros, de Betty Mindlin, agora às voltas com o texto suruí, ou de Rafael Bastos, empenhado na recriação dos cantos que compõem o ritual kamaiurá do Yawari. Mas a verdade é que muitas coisas jazem por aí em baús e gavetas. Seria bom se vissem a luz do sol. Seeger, por exemplo, diz que recolheu cinquenta *akias* (gênero poético- -musical suiá) em *workfield*. Onde estão? Cartas na mesa, por favor. E que os poetas se aproximem, para que os textos em questão sejam recriados em linguagem esteticamente eficaz.

2

A expressão "araweté" foi inventada por um sertanista. Aquele povo amazônico se autodenomina pelo termo *bi'de* (os humanos; o sinal / ' / indica oclusão suave). Mas foi a primeira expressão que se firmou. Não é raro que isso aconteça. "Nagô", por exemplo, é uma denominação *fon*. Os gregos se disseram aqueus e depois helenos, mas prevaleceu *graeci*, nome dado pelos romanos. Os arawetés, portanto (e aqui contrário à convenção etnológica, que determina a forma "os Araweté"). É um povo de língua tupi-guarani da Amazônia Oriental — um dos outrora numerosos povos Tupi do interflúvio Xingu-Tocantins (Viveiros). Agricultores, pescadores, caçadores, esses índios entraram em contato com os "brancos" somente em 1976. Foram, juntamente com os assurinis, os últimos tupis amazônicos a se envolverem com a sociedade brasileira. Na verdade, buscaram o contato, fugindo aos ataques de grupos indígenas inimigos. Expulsos do local que ocupavam, graças à violenta pressão de Kaiapós e Parakanãs, foram esbarrar no Ipixuna, onde hoje se encontram. Viveiros observa, de resto, que estas lutas intertribais estão fundamente inscritas na memória araweté. Lutas com Kaiapós, em especial. Mas o que importa é que esses índios foram forçados a ir ao encontro dos "brancos". Não vem ao caso recontar aqui lances do contato. Basta dizer que os Arawetés caíram em seu campo magnético. E hoje gravitam, em estado de alta dependência, nas cercanias de um Posto Indígena. Sousândrade, uma vez mais, escrevendo sobre a indigência indígena na Amazônia do século XIX: "parece que até a miséria dos índios tomou as proporções colossais das águas".

E se o contato Araweté/mundo branco é recente, mais recente é o estudo desse grupo indígena. "Não existe nenhuma referência bibliográfica aos Araweté, ou a qualquer grupo que possa inequivocamente identificar como 'Araweté', até o início da década de 1970", informa Viveiros. Sabemos que as antropólogas Berta Ribeiro e Regina Polo Müller chegaram a publicar alguma coisa sobre os índios em questão. Mas a etnografia Araweté, nos parágrafos seguintes, é uma vulgarização comentada de aspectos desse trabalho. Isso porque Viveiros, leitor de Valéry e Borges, deixou-se fascinar pela arte verbal Araweté, incluindo espécimes dessa poesia em seu livro. É o que me interessa, no momento. Quem quiser ter uma visão etnográfica ampla e rigorosa de tal subcultura amazônica deverá se dirigir, sem intermediários, a *Araweté — Os deuses canibais*. Confesso que me atraem, de modo quase irresistível, muitas das discussões socioantropológicas desenvolvidas aí, especialmente aquelas que ferem o imaginário etnográfico tradicional, como a recusa em conferir um estatuto meramente especular à "série cosmológica". Mas não é isso o que pretendo discutir aqui. Às voltas com a criação textual extra- europeia em nossos trópicos, vou abordar apenas, via Viveiros, aspectos da textualidade Araweté.

3

"Tudo é palavra", dispara de saída o antropólogo, citando a observação de Melià a propósito dos guaranis. "Apenas, a palavra dos Araweté, menos que ecoando o recolhimento ascético de seus parentes Guarani, cultores do Logos, parece antes evocar os gestos excessivos dos longínquos Tupinambá". Comecemos então por aqui: a palavra Araweté. Para os arawetés, a língua que eles falam é especial. Trata-se da "boca correta ou hábil", contraposta à "boca travada ou misturada" dos demais índios e dos brancos. Não é uma visada incomum. Lembra a antiga ideologia linguística grega, agrupando os que não tinham o grego como língua materna sob o rótulo geral de *barbaroi*: indivíduos cuja fala, ininteligível, soava algo assim como bar-bar-bar — ou, nos termos arawetés, seres cuja boca era travada. O que se destaca em ambos os casos, araweté e grego, é a existência de uma "linguagem boa" (este é o sentido literal de nheengatu, aliás), recortando-se em meio ao vozerio entrópico dos estrangeiros. Mas com uma diferença: para os gregos, os bárbaros eram, além de incompreensíveis, inferiores; para os arawetés, são awi — "inimigos".

É com esta linguagem "correta" que os arawetés se constroem em dimensão simbólica. Mas num sentido importante: a palavra domina tudo. Quando Viveiros diz que o imaginário Araweté "prolifera na palavra e no canto", acrescenta

66

que não há muito que se ver. A cena semiótica é escassa, descurada. Estamos aqui no avesso mesmo do estetismo Assuriní. Viveiros reconhece "a parcimônia Araweté quanto a técnicas ergológicas e artesanais, bem como o caráter casual e descuidado dos aspectos visuais ou visíveis de sua cultura — seja na pintura corporal, na arquitetura ou na plumária, seja na 'proxêmica' e nos micro-rituais de interação social". Há uma negligência Araweté em relação à dimensão semiótica da cultura. Para ficarmos no terreno da arte corporal, a *body art* Araweté, ao contrário da Kadiwéu ou da Assuriní, é incompleta, pobre, marcada pelo improviso e pelo desleixo. Mesmo nas festas a ornamentação corporal é menosprezada. Tudo se passa como se esta espécie de beleza devesse existir somente para os deuses e as almas dos mortos. Sim: sobre a pele alva dos deuses, fulgura rigoroso o risco preto do jenipapo. Os humanos exibem borrões, formas ínfimas, amorfias. Há assim um desequilíbrio entre a exuberância da criação poético-musical e a pobreza no campo dos produtos visuais da cultura. Quem quiser contemplar alguma plumária, que a procure entre os Bororos. Com os Arawetés, a conversa é outra. O que conta é o canto. A palavra-canto.

Mas vamos caminhar sem pressa. O tema arquetípico da comunidade original, quando deuses e humanos conviviam indiferenciados no mesmo espaço-tempo, comparece também na cultura Araweté. Os deuses Araweté, os Maï, destacam-se do nosso mundo, tornam-se deuses, num movimento que instaura o cosmos tal qual hoje ele é. O leitor de Hesíodo se lembrará de que, antes do conflito de Zeus e Prometeu, desembocando na criação de Pandora, não havia separação entre o mundo divino e o humano. A criação da mulher, "presente" de Zeus aos homens, é o momento instaurador da dicotomia fundamental. Várias culturas formularam a seu modo esse grande artifício mítico da fundação cósmica. Como a Araweté, desenvolvendo uma elaboração própria acerca da configuração atual do cosmos. É completamente diferente da construção mitológica grega, embora também aí a mulher ocupe lugar de destaque, como agente provocadora da transformação. Vejamos. A distinção entre humanos e deuses não fazia sentido *in illo tempore*. Mas, insultado por sua mulher, Aranãmi tomou o chocalho do xamanismo, começando a cantar e a comer fumaça. "Cantando, eles ergueram o solo de pedra em que estavam, até formar a abóbada celeste. Com eles foram uma multidão de outros Maï, e seres de outras categorias" (Viveiros). Aconteceu, portanto, um "cataclisma inaugural". Só então os deuses se tornaram divinos ("frações da espécie humana que subiram aos céus"). Deuses são os que passaram a habitar aqueles céus petrose; humanos, os que não se deslocaram pelo ar a bordo do fragmento granítico em ascensão. Como se vê, é da maior importância a presença da palavra-canto na separação original. Desponta ela aí como o motor que impulsionou o solo pétreo, produzindo a ruptura cósmica. E daí resulta a ubiquidade. Levada pelos deuses e cultivada pelos humanos, a palavra-canto existe assim na terra como no céu. E como interveio no divórcio primordial, fraturando a crosta terrestre, é também a via de reconexão desses dois mundos. Pelo canto, deuses e mortos descem à terra, falando aos humanos. Pelo canto, os humanos se comunicam com o outro mundo. A palavra-canto é a via de acesso Araweté às paragens sobrenaturais. Religa ou ressolidariza o que um dia se rompeu para gerar o cosmos como o conhecemos. Esta é a altíssima função da produção poético-musical na sociedade Araweté.

Mas antes de entrarmos no terreno especificamente humano desta seara verbimusical, falemos um pouco da musicalidade divina. Os deuses Arawetés, cantores da comida e do sexo, são deuses melômanos. O que temos aí é um espaço sobrenatural densamente povoado por cantos. Os Maï (tônica no "a" e o "i" fechado) são grandes magos das regiões cósmicas, mas também os insuperáveis senhores da palavra-canto. São deuses-poetas, deuses-músicos, seres poemusicais por excelência, *marakãme'e*, volta e meia descendo à terra para festins de peixe, jabuti, açaí e mel. *De la musique avant tout chose*, pode-se dizer, redizendo Verlaine. Deuses e mortos Arawetés moldam ou inspiram, ainda, os cantos que ressoam cá na terra, pela voz de pajés e guerreiros. A preocupação com o canto vai a ponto dos Arawetés identificarem, com uma precisão reveladora do grau de interesse aí investido, alimentos bons para a voz. "A gordura da garganta do guariba macho é especialmente apreciada, por tornar quem a come um bom cantor", assinala Viveiros. Por isso mesmo, não deixa de ser significativo o fato de que, testados pelo antropólogo, os Arawetés não tenham demonstrado o mínimo interesse pela música ocidental.

4

Os Arawetés dividem sua produção poemusical em dois gêneros: *Maï marakã* (música dos deuses) e *marakã hete* (música verdadeira) ou *opirabe marakã* (música de dança). Falaremos adiante da música dos deuses. Quanto à "música verdadeira", analisa Viveiros: "Todas as canções de dança apresentam uma forma fixa: letras curtas (quatro a oito versos, repetidos dezenas de vezes), tempo ritmado (quase sempre binário), linha melódica monótona, e uma divisão em duas partes, marcadas por uma diferença de andamento (a cada uma corresponde uma parte da letra)". Durante as danças, estas composições sintéticas são cantadas coletivamente, em uníssono, no registro grave, por todos os homens. Só não entendo por que Viveiros fala em haicai e fanopeia a propósito desses textos. Pelos exemplos que divulga, não há semelhança notável entre eles e o mundo nipônico. O guerreiro Yakati-ro-reme, autor de um dos cantos estampados no livro, nada tem de um Bashô Araweté. E, antes que regidos por um princípio imagístico, os textos ostentam um desenho fonético que também os puxaria para a melopeia, se ficarmos na classificação poundiana. Em todo caso, Viveiros talvez disponha de uma coleção de textos inéditos que o autorize a emitir tais opiniões. Mas vamos adiante. O gênero *marakã hete* é formado por dois subgêneros: *awi marakã* (música dos inimigos) e *pirowi 'marakã* (música dos ancestrais). A "música dos ancestrais" subdivide-se em três grupos: cantares de inimigos por ancestrais míticos; canções inimigas de "tribos reais ou míticas"; cantos de animais míticos. Estes últimos são considerados perigosos e estão sujeitos a restrições, ou são proibidos. Formalmente idênticos às canções guerreiras, destas se distinguem por seus efeitos letais ou prejudiciais à saúde e ao milho. Quanto à dança, os Arawetés, ao contrário de seus vizinhos Assurinis, só conhecem a forma *opirabe*, modelo de dança de guerra. "Todos os participantes (homens) devem portar suas armas, ou ao menos uma flecha, que trazem junto ao peito, com as penas de harpia para cima; e os cantos são, quase todos, 'música de inimigos', canções que falam de guerra, morte, mortos, combates ancestrais ou recentes. O paradigma do cantor é o guerreiro, o homicida" (Viveiros).

Esta "música dos inimigos" é produzida sempre por um matador Araweté, sob a inspiração dos espíritos do inimigo que ele matou. Já Gabriel Soares de Souza fizera referência aos cantares guerreiros Tupinambás, incluindo aí os cantos antropofágicos. Mas sem explicar como os Tupinambás concebiam esses cantos. Os Arawetés acreditam que a poemúsica "dos inimigos" é "ensinada" pelo espírito do adversário exterminado. Chamam, ao matador, *moripi'hã*, expressão que "denomina um estatuto social, o de homicida" (diga-se que o matador Araweté não é devorado pelos Maɨ quando chega nos céus). Os Arawetés, quando iam à guerra, não brincavam em serviço. Escolhiam um matador como líder, enfeitavam-se, empunhavam seus arcos, tomavam suas flechas com ponta de taboca e penas de harpia. Nada de fazer prisioneiros: matavam todos os inimigos. Ossos eram arrancados para adornos de dança. E havia a prática de decepar a cabeça do adversário. Por que os Arawetés guerreavam? Por vingança ou por desejo de matar inimigos (e olha que não há lugar, no céu Araweté, para inimigos perecendo). O curioso é que, quando um Araweté matava, "morria". Recolhia-se à sua casa, num desmaio de vários dias, sem comer nada. "Sua barriga está cheia do sangue do inimigo, e ele vomita continuamente". Mais ainda: "o matador ouve o zumbido das vespas e dos besouros, o ruflar das asas dos urubus que se aproximam de 'seu' corpo morto" (Viveiros). É o espírito do inimigo morto que, afinal, desperta o matador, exortando-o à dança. Ato contínuo, o matador reúne os homens para mostrar o canto que o inimigo "ensinou" (ao inimigo morto chama-se "ensinador do canto"; e a principal metáfora para o inimigo é "o que será música"). "A música dos inimigos é um canto do inimigo, cantando pelo matador". Mas é como se houvesse uma parceria. Os *awi marakã* "são sempre identificados pelo nome do guerreiro que os pôs pela primeira vez: um 'canto do inimigo' é também o 'canto de fulano' (o matador)", escreve Viveiros. Há uma simbiose inimigo-matador, embora no canto prevaleça a perspectiva daquele. Por fim, cumpre dizer que o subgênero *awi marakã*, o único veio das *marakã hete* capaz de gerar alguma criação nova, encontrava-se estacionado, já que só existe um meio aí para fazer nascer uma nova canção: matar um inimigo — e já vão longe os tempos das escaramuças tribais.

5

Bem diversa é a situação do outro gênero poemusical Araweté, *Mai marakã*, música dos deuses. Aqui, novos cânticos brotam sem cessar. Esta é a classe dos cantos xamanísticos. Mas vamos, antes, a uma digressão. "Xamã", shaman, é uma palavra dos Tungues (pastores de renas da Sibéria) que chegou até nós através do russo e significa, literalmente, alguém excitado ou comovido. "Xamanismo", conceito antropológico daí derivado, designa uma especialidade mágica universal. Podemos falar de xamanismo asiático, oceânico, norte ou sul-americano. E. R. Dodds fala mesmo de xamanismo na Grécia, os *iatromanteis*. Em seu entender, Orfeu é um "xamã mítico ou protótipo de xamãs" e Empédocles foi o último grande xamã grego. Simplificando, o que caracteriza o xamã é uma espécie de sonho-viagem, ou de transe culturalmente controlado, ao longo do qual a alma deixa o corpo e vai em visita a outros mundos, subterrâneos ou celestiais. O xamanismo é, assim, uma "técnica do êxtase", geralmente comportando a arte de dirigir sonhos. Ou, lembrando o supracitado Dodds, o xamã é um perito em excursões psíquicas. Para o leitor não familiarizado com o assunto (ao qual endereço este escrito), o tema é recorrente na literatura antropológica brasileira. Métraux escreve sobre o xamã (pay, pajé) Tupinambá, Curt Nimuendajú sobre o xamanismo Xipaia, Charles Wagley sobre o xamanismo Tapirapé, Darcy

Ribeiro sobre o Kadiwéu, Rafael Bastos sobre os Kamaiurá, Regina Müller sobre o Assuriní, etc. Recordando a expressão de Mircea Eliade, depois retomada por Jerome Rothenberg, também o xamã-pajé amazônico é um *technician of the sacred*. É assim que vamos ouvir Viveiros discorrer sobre o xamanismo Araweté: "O milho e o xamã são os pilares do mundo Araweté; uma roça de milho e um xamã bastam para definir uma aldeia e um estilo de vida".

O xamanismo desses índios não é tão sofisticado quanto o asiático. Faltam aí o "chamado" espiritual para o ofício xamânico; a experiência traumática que parece marcar universalmente o ingresso nesse mundo poemágico; os rituais iniciáticos; o elaborado teatralismo que caracteriza a cena xamanística nas mais diversas culturas. O xamanismo siberiano, por exemplo, tanto pode ser um dom de berço quanto uma vocação manifestada na adolescência, através de sinais psicológicos decodificáveis em perspectiva xamânica. São indivíduos que cantam dormindo, têm visões, amam a solidão. O chamado espiritual também surge, como disse, sob a forma de uma experiência traumática — uma doença, um choque emocional, um ataque animal passível de ser interpretado como ponto de partida do processo de iniciação. O futuro xamã Krahô, por exemplo, é afetado antes de mais nada por uma doença. Mas não encontramos nada de parecido em campo Araweté. Viveiros comunica que não vigora aqui espécie alguma de "chamado". Nem se veem indícios de que o indivíduo tenha que atravessar uma experiência traumática (ou aquele tipo de crise que Eliade definiu como a repercussão, na psique individual, da "dialética das hierofanias"), antes de tomar o caminho do xamanismo. "Certos sonhos, se frequentes, podem indicar uma vocação xamanística — especialmente os sonhos com jaguares e com a 'Coisa-Onça' celeste", diz Viveiros. Mas vale dizer que o sonho não domina o espaço xamanístico araweté. É diferente do que ocorre com os Tapirapés do Brasil Central, que desenvolveram técnicas diurnas para viagens oníricas e consideram que esta atividade mental está no cerne da cena xamânica, com o mago viajando em sua canoa astral pela Via Láctea, chamada Estrada do Pajé. É certo que, durante o sono, a alma do xamã Araweté se desloca pelos céus. Mas, enquanto o xamã Tapirapé é essencialmente um ser que sonha, o xamã Araweté é essencialmente um ser que fuma. "O tabaco é o emblema, o instrumento de fabricação e de operação do xamã", anota Viveiros. Entre os Kamaiurás, o *paye-met* é a "roda dos pajés" ou "roda dos fumantes" (o tabaco é de tal importância no xamanismo dos índios brasileiros que, na tradição Xipaia, a alma do xamã morto dança como um charuto aceso entre os dedos — e os Arawetés levaram isso às últimas consequências). Na sociedade Araweté, o caminho para o xamanismo não é claramente balizado. É de um informalismo desconcertante, típico dessa gente.

Viveiros informa que também não há, no ambiente Araweté, iniciação formal ao xamanismo, nem aprendizado xamânico. Os Arawetés desconhecem os complexos rituais que marcam a iniciação xamanística em todo o planeta, incluindo a introdução de cristais no corpo do futuro mago-poeta e a "substituição" de seus órgãos internos, sem falar no autoconfinamento e na autoflagelação nas florestas. Nem o futuro xamã Araweté se vê no dever de atravessar provas iniciáticas. Distingue-se aqui, mais uma vez, do candidato Tapirapé, que tem que participar de um combate contra seres do Trovão. A ausência de sistema de treinamento é também digna de nota. O neófito siberiano é submetido a uma didática xamânica, num processo de aprendizagem tecnoideológica que não raro consome a juventude do sujeito. Também em meio aos Tapirapés temos o grupo de jovens que aspiram ao xamanismo e a figura do pajé enquanto mestre. O caso dos Xipaias não é diferente. Um xipaia se torna (tornava-se) xamã, em primeiro lugar, pelo aprendizado. Existia entre esses índios uma relação discipular. Conta Nimuendaju que a fonte da sabedoria do pajé estava nos sonhos — e que, quando um xamã Xipaia entregava sua magia a um discípulo, os índios diziam: "ele lhe deu seu soráio". Nimuendaju: "duas coisas são indispensáveis para alguém se tornar um bom pajé: predisposição para sonhos e visões e um mestre hábil que ensine como utilizar estes dons". Verdade que há igualmente narrativas de indivíduos que se xamanizam na solidão, entrando em contato direto com o sobrenatural. Recontado para nós por Knud Rasmussen, temos o relato do noviço esquimó iluminando-se em vigília solitária no deserto, onde oscilou entre a mais profunda tristeza e o incontrolável canto-gritado de uma só palavra: "alegria! alegria!". É também isolado dos habitantes da aldeia que, conforme Melatti, o futuro xamã Krahô "entra em contato com um animal ou algum outro ser, dele recebendo poderes, que passa a trazer em seu próprio corpo, sob a forma de uma substância mágica". O retiro no ermo parece equivaler assim à presença do mestre.

Não há notícia de que nada disso ocorra no mundo Araweté. Nem processo de aprendizado, nem iluminação alcançada em recolhimento longe da aldeia. O informalismo desse povo é extremo. Sem "chamado" xamânico, relação instrutor-neófito ou solidão iniciática, o candidato a xamã, ou xamã iniciante, limita-se a se empanturrar de tabaco. "O treinamento xamanístico consiste em um longo ciclo de intoxicação por tabaco, até que o homem *mo-kyyaha* se faça translúcido, e os deuses 'cheguem' (*iwahe*) até ele" (Viveiros). Leveza, transparência, translucidez são buscadas no xamanismo Araweté, por facilitarem o descolamento da alma de seu envelope carnal. "Uma das ocupações favoritas dos Araweté são as sessões coletivas de embriaguez por tabaco, que servem também para ir 'tornando transparentes' os xamãs iniciantes ou candidatos". Nesse contexto esgarçado, o "iniciador" do novel xamã é que o intoxica até que ele alcance a "transparência" necessária à visão xamânica. Não se trata de um mestre. Além do tabaco, o novato pode recorrer ainda ao *paricá*, alucinógeno capaz de fazer o homem mais ignorante (*koã i*) ficar transparente e enxergar os deuses. O xamã mais velho não pode sequer ensinar cantos ao novo xamã. Não se trata de uma proibição, mas de uma impossibilidade. Quem comunica o canto é o Maï. Para que um xamã pudesse passá-lo a outro seria necessário que os Maï estivessem dentro dele — e "os deuses não estão dentro de nossa carne", disseram os índios a Viveiros. Resta, então, ao futuro xamã, seguir as prescrições sexo-alimentares e continuar se enchendo de tabaco e *paricá*, até atingir a "luminescência" que franqueia, em mão dupla, o caminho para os deuses.

Inexiste ainda, na cultura Araweté, o fenômeno da possessão. Esses índios desconhecem a tomada do humano pela divindade, a mais aguda situação mística. Mas não há raridade cultural alguma aí. Os estudiosos frisam que a especificidade do xamanismo não está na incorporação de espíritos, mas na viagem-êxtase. A ausência de possessão, aliada ao caráter ordenado do êxtase, levou Viveiros a duvidar da existência de um transe genuíno entre os Arawetés. É o tipo de opinião que não se descarta por um decreto teórico. Seria necessário estar com uma xamã Araweté para decidir sobre o assunto. Mas Viveiros fornece, ao longo de seu livro, dados que remetem ao transe. Em termos gerais, embora nos inclinemos a identificá-los, transe e possessão são distintos. Na possessão, o indivíduo é tomado de assalto por um espírito. O transe é apenas um estado de consciência alterada, que pode, inclusive, ser provocado por alucinógenos ou música. E é um erro reduzi-lo a agitações histérico-epileptiformes. O tarantismo medieval não é a norma. Mesmo a possessão pode ser codificada, como em algumas culturas africanas. E há graus na alteração mental do transe. No caso Araweté, estamos longe de qualquer excesso ou bizarria. O transe é leve e estandardizado. Mas qual é a palavra Araweté para nomeá-lo? Precisaríamos aqui de um vocabulário Araweté da cena xamânica.

Quiçá o mais correto seja dizer que os arawetés possuem antes uma prática que um sistema xamânico. Ou, ainda, falar de um xamanismo difuso permeando a vida Araweté. Se o xamã não se separa do chocalho *aray*, e se todo homem adulto casado tem o seu *aray*, podendo efetuar pequenas curas e acompanhar o canto dos que, mesmo não sendo *peye*, veem eventualmente os deuses, isto significa, como nota Viveiros, que todo adulto é um pouco xamã. Embora só quem cante frequentemente (e benza alimentos) seja visto como *peye*, "a capacidade xamanística é um atributo ou qualidade inerente à condição masculina adulta, e não um papel social determinado". A diferença é que "alguns homens realizam esse potencial mais plenamente que outros — assim também como apenas alguns homens possuem o estatuto ideal do matador". É provável que esta disseminação do poder xamânico, realizando-se em graus variáveis até alcançar o ponto máximo na figura do *peye*, explique por que o pajé não tenha um pós-vida especial (como entre Assurinis e Tapirapés), nem mereça qualquer culto *post mortem* (como entre os Guaranis). Levando esta leitura ao extremo, somos tentados a ver, na sociedade Araweté, a inusitada imagem de uma sociedade xamanística. Mas tal possibilidade de leitura é cortada quando nos lembramos de que as mulheres são radicalmente excluídas desse mundo poemágico. Os arawetés discrepam aqui do modelo geral. Concebem as relações deuses-humanos por um prisma masculino — só os homens podem: controlar a excorporação; ir ao céu e voltar vivos; permanecer lá sem ser devorados. Ao contrário do que ocorre em outras sociedades, da Kadiwéu à Araucana, o estatuto de xamã é aqui vedado às mulheres. E assim se desvela um aspecto curioso da cultura Araweté. Impedidas de se tornarem xamãs, as fêmeas não podem compor canções xamânicas. Impedidas de guerrear, não podem compor *awi marakã*. Em suma: mulheres não criam cantos (resta-lhes, como se verá, o território paródico). Se ousassem cantar, conversar com os Maɨ "eles lhes quebrariam o pescoço". As mulheres são apenas a "comida predileta" dos deuses, em sentido gastronômico (canibalismo divino) e sexual (os arawetés usam o verbo "comer" para relações sexuais). Comenta Viveiros: "Às mulheres não resta senão calar na terra e serem comidas no céu".

Apesar de todas as peculiaridades apontadas, o xamã Araweté ostenta atributos clássicos do xamanismo: viaja por outros mundos e é intermediário entre os deuses e os humanos. É graças à produtividade xamânica que os arawetés gozam da presença divina e se comunicam com os antepassados. Este é o espaço-função da palavra-canto sagrada, se esta expressão faz algum sentido em relação aos arawetés. Peça-chave da estrutura de muitas sociedades, *master of ecstasy*, o xamã é quase sempre uma mescla de médico, poeta e mágico. Mas se em diversas culturas a cura é a obrigação mais comum, entre os arawetés a função terapêutica é secundária. Relevante é a peripécia poemágica, do resgate de almas sequestradas à matança de espíritos malignos (o xamã é um matador astral). Além disso, há outros papéis, como no desempenho de um *ersatz* de liderança grupal, quando os cantos noturnos mobilizam em função de alguma empreitada econômico-cerimonial. Viveiros sugere, aliás, que o discurso do chefe na praça da aldeia foi aqui transferido para o canto. Daí que diga que a agora Araweté não é deste mundo — "e a voz que a anima é a palavra... do Outro; a voz dos deuses". Isto porque, na concepção Araweté, o xamã não fala por si. É veículo do discurso divino. É isto o que define o gênero *Mai marakã*. E é isto o que nos vai interessar agora: o xamã enquanto poeta-músico, no desempenho de sua função mais saliente, que é a de cantador.

6

O canto xamanístico Araweté existe em consequência da separação primeva entre os mundos. Este evento, cosmologicamente fundante, fornece a sua *raison d'être*. O pajé faz a ponte reconectadora dos mundos apartados em tempos imemoriais. A palavra-canto xamânica é o canal entre os deuses (e os mortos) e os humanos. Deuses e mortos cantam no canto dos xamãs. Precisamente, servem-se do xamã como veículo para seus textos. É através do canto que o xamã pode trazê-los à terra. "Um xamã é um Mai de ripã, 'suporte-leito' para os Mai", anota Viveiros. O canto do xamã é fala dos Mai, discurso divino, mas é também expressão verbimusical da visão que o xamã tem dos deuses. Trata-se então de um canto-viagem, onde se condensa esteticamente o saber espiritual do grupo. O xamã é um "vidente-ouvinte do Além".

Aqui, como de praxe, xamanismo e música são inseparáveis. Certo estava Chadwick quando definiu a música, em contextura xamânica, como "a linguagem dos espíritos". Mas há um dado curioso. A sociedade Araweté, com seu politeísmo descentrado, não tem propensão esotérica. A aldeia inteira discute temas sobrenaturais. E os cantos xamânicos circulam de boca em boca, enramando-se na vida grupal. Viveiros noticia que as canções tradicionais de guerra podem ser descontextualizadas e reutilizadas nas mais surpreendentes situações tribais. Como *berceuses*, por exemplo. Da mesma maneira, as canções xamanísticas podem, depois da primeira emissão noturnal pelo *peye*, se converter em sucessos da aldeia, cantadas por qualquer um, nas mais diversas condições. Mais que isso, prestam-se "a variações jocosas e a adaptações de circunstância", especialmente entre mulheres e crianças. A informação não é desprezível. Significa que as mulheres, expulsas do circuito "oficial" da criação, criam duplos crítico-humorísticos dos textos canônicos — tema que merece estudo pormenorizado, ainda por se fazer.

Mas, enquanto Viveiros não nos brinda com exemplares do tratamento paródico feminino dos cantos masculinos, vamos entrar um pouco mais no terreno da poemúsica xamânica. "A música dos deuses é a área mais complexa da cultura Araweté. Única fonte de informação sobre o estado atual do cosmos e a situação dos mortos celestes, ela é o 'rito' central da vida do grupo". Ainda segundo Viveiros, não há homem adulto Araweté que não tenha cantado ao menos uma vez na vida, embora só aqueles que cantam quase toda noite sejam considerados xamãs; os magos notívagos que — com suas vozes, gestos e baforadas — dominam a madrugada aldeã. Viveiros: "O canto é uma função do sonho e/ou da ingestão de tabaco. Normalmente, a geração de um canto segue esta sequência: um homem dorme, sonha, acorda, fuma, e começa a cantar, narrando o que viu e ouviu no sonho; quando os deuses e mortos querem vir à terra, então o canto se desdobra em uma narração da descida destes seres. Há uma progressão de intensidade, que nem sempre se completa: canto na rede; canto dentro de casa, com fumo e *aray*, saída para o pátio, com dança e canto que manifesta a presença dos deuses e mortos na terra. As sessões de xamanismo alimentar ou de recondução de almas são o ponto máximo da sequência, quando o xamã sai de seu pátio e interfere sobre pessoas e objetos da aldeia". Trata-se, ademais, de eventos corriqueiros, performances (ou, mais exatamente, atos performágicos) que integram o cotidiano Araweté. A irrupção noturna dos cantos xamânicos é diária, independendo de conjunturas de crise ou da iminência ou atualidade de ritos coletivos. Fazem parte da vida, simplesmente. É para isso que existem pajés.

As características estruturais do gênero *Mai marakã* estão à espera de uma leitura mais aprofundada, macro e microesteticamente. Não podemos exigir de Viveiros mais do que ele nos dá, não sendo poeticista ou musicólogo. De acordo com o que escreveu, a canção Araweté "soa pouco melodiosa aos ouvidos oddentais". O ritmo não é acentuado. E Walter Smetak se alegraria se soubesse que o compositor Araweté "parece jogar com intervalos microtonais", chegando a uma espécie de canto-falado. Se assim for, a música Araweté estará mais próxima do Oriente do que do Ocidente. O emprego de tons fracionais, embora costume soar como corpo estranho no repertório ocidental, integra tradições de países orientais, onde chega a ser comum. Lembre-se o caso paradigmático da Índia. Citei Smetak pelo fato dele ter sido um dos raros criadores ocidentais que mergulhou no universo sonoro do microtonalismo, buscando, filosófica e esteticamente, uma fusão hemisférica. Na criação de suas esculturas sônicas (ou "plásticas sonoras", como dizia) eram constantes as referências a instrumentos hindus, africanos e ameríndios. Além disso, em sua ruptura com o "tão velho e amado" sistema tonal, convocou flautas xavantinas, frisando o "orientalismo" da estética musical indígena. Seria interessante, desta perspectiva, um estudo que se concentrasse no sistema musical Araweté, na linha dos trabalhos musicológicos de Rafael Bastos acerca dos Kamaiurás do Alto Xingu. Feito o aceno, caminhemos em direção ao verbo.

"As canções dos deuses podem ser muito extensas, chegando às vezes a mais de cem 'versos', e usam abundantemente construções paralelísticas. Essa estrutura em versos ou frases é bem marcada. Toda canção de xamã se constrói assim: um refrão curto, em geral sem significado lexical, mas capaz de identificar a divindade envolvida; e então uma frase linguístico-musical completa, que termina com o mesmo refrão; a próxima frase é introduzida pelo refrão, e assim por diante. Os cantos são constituídos por blocos de versos, ligados tematicamente; é muito comum que se mude o refrão no meio do canto, iniciando outro bloco melódico ou semântico-temático, mas há interferências mútuas. Tais blocos são definidos pelo verbo *mo-wã*, 'mudar'. Os versos em que o xamã nomeia um personagem do canto — morto ou deus, ou espírito de vivo — são destacados como *papã* ou *henie*, 'dizer o nome'. A divisão em blocos não é obrigatória, e se pode manter um mesmo refrão e linha melódica por todo o canto; já a divisão refrão/frase é sistemática". Ainda no terreno da retórica, acrescente-se que a poesia Araweté faz largo uso de sintagmas cristalizados. Estão neste caso as "metáforas características, alusões míticas e imagens exemplares" a que se refere Viveiros. Literatura formular. É frequente aí o emprego de epítetos, tal como nos poemas homéricos e nos orikis iorubanos. "Os homens", por exemplo, são os "comedores-de-pequenos-jabutis" (comedores-de--pão, em Homero). Falando em termos mais gerais, Viveiros recorre à tipologia poundiana, para situar o texto xamanístico no espaço da "fanopeia" ("a projeção de uma imagem visual sobre a mente", *díxit* Pound). Mas o fato é que também o texto Araweté está à espera de análise mais minuciosa. Nem mesmo a língua desses índios (que Viveiros aprendeu em trabalho de campo) chegou ainda a ser estudada por um especialista.

Seja como for, é provável que a *trademark* do texto Araweté esteja no seu intrincado regime enunciativo. Não conheço nada parecido. O próprio Viveiros diz que só conseguia identificar os sujeitos da enunciação através de esclarecimentos feitos pelos próprios índios (mesmo assim, as interpretações podem conflitar). Lembro que Sousândrade introduziu o duplo travessão para sinalizar a intervenção de uma nova personagem, nos diálogos do Inferno e do Tatuturema. Isto não é nada, em comparação com a trama enunciativa do texto Araweté. Viveiros: "A música dos deuses é um solo vocal, mas é, linguisticamente, um diálogo ou uma polifonia, onde diversos personagens aparecem de diversas maneiras. Saber quem canta, quem diz o que para quem é o problema básico". Para complicar esta "canção de canções", ou discurso de discursos, quase nunca "o xamã muda de timbre ou de tom para indicar que mudou o sujeito da enunciação das frases cantadas". O receptor como que adivinha a figura do emissor a partir de referências contextuais. "Tipicamente, o canto xamanístico envolve três posições: um morto, os Maï, o xamã, em um sistema onde o morto é o principal enunciador, transmitindo citacionalmente ao xamã o que disseram os Maï. Mas o que os Maï disseram é quase sempre algo dirigido ao morto, ou ao xamã, ou a si mesmos sobre o morto ou o xamã. Assim, a forma típica de uma frase é uma construção dialógica complexa: o xamã canta algo dito pelos Maï, citado pelo morto, referente a ele (xamã), por exemplo... Quem fala, assim, são os três: Maï, morto, xamã, um dentro do outro".

7

O que distingue o gênero *Maï marakã* é que suas criações são geradas no Além. Mas isso não impede que os índios individualizem a personalidade estética do pajé, em termos de qualidade e originalidade. O *peye* é apreciado como cantor e poeta-compositor. "As vozes de baixo profundo, fortes e firmes, são as preferidas. Presta-se especial atenção ao controle da emissão em vibrato. Isso porque todo canto xamanístico envolve esta oscilação em vibrato, que não deve ser exagerada, ou o cantor é desprezado como 'tremedor' (*diririme'e*). A voz forte e grave contrasta claramente com o estilo vocal feminino, que é o da emissão em falsete agudíssimo e em quase-surdina", diz Viveiros. E assim como podem depreciar o xamã-intérprete por sua incapacidade em sustentar a flutuação regular da voz, os arawetés também indigitam o poeta diluidor ou plagiário. Não são indiferentes à redundância textual — "sabem e percebem que certos cantos repetem frases, figuras de linguagem ou temas que já foram cantados antes, e assim reconhecem implicitamente que houve um processo de imitação entre xamãs". É certo que o canto continua carimbado pela autoridade do Além, mas o xamã que o veiculou despenca na conta dos seus companheiros de aldeia. A diluição ou plágio "se não desacredita a, digamos, autenticidade ontológica do canto, pesa contra a fruição estética e o prestígio do cantor".

Para os arawetés, a mesmice estética nada tem de estimulante. Desintegra-se assim uma velha lenda erudita a respeito do repertório poético-musical de sociedades tribais. Como insistir na falácia do repertório estacionário? Não há paralisia aqui: cantos nascem a cada dia. E vai também por terra a miragem de uma produção sempre idêntica a si mesma, em termos formais. O que temos é o oposto, com a desvalorização do xamã que se instala no reino da redundância. Um antigo texto asteca faz a distinção definitiva, e não será despropósito repeti-lo aqui: o "artista pútrido", ou corrupto, "é um ladrão"; o "verdadeiro artista", ao contrário, "trabalha como um tolteca, compõe seus objetos, trabalha com destreza, inventa". De um lado, a fraude. De outro, a potência construtiva, o sentido gestáltico, o novo. Sublinhemos este valor conferido à invenção. Vamos topar com esta disposição favorável ao novo, ou mesmo de louvor à invenção genuína, em circunstâncias culturais variadas. Muitos antropólogos derraparam por aqui. Ao pensar as "sociedades primitivas" como sistemas "fechados", levaram este "fechamento" ao extremo do *rigor mortis*. Existem, é claro, modelos milenares. Mas há também, em toda parte, espaço para a invenção. Na cultura estética Araweté, o novo é bem-vindo. "As inovações temáticas, quando felizes, são fortemente apreciadas" (e não só as temáticas, como veremos).

Pelo solo vocal do xamã, que obedece a um padrão fixo, flui um texto que não desconhece a possibilidade de se renovar — e que é celebrado sempre que sabe se renovar. Mas que ninguém confunda isso com vanguardismo. Não há projeto de rompimento revolucionário por aqui. As vanguardas são uma criação do Ocidente urbano-industrial do século XX. Nada existe, fora daí, a que se possa compará-las. São contextos culturais separados por distâncias estelares. Como também acontece no âmbito da *akia suiá* estudada por A. Seeger, o que o poeta-mago araweté procura é um equilíbrio entre o código sedimentado e a informação nova. Viveiros sintetiza: "Um bom canto é aquele que rearruma temas e figuras de linguagem semifixos em um novo arranjo enunciativo, e especialmente aquele que produz enunciados cosmologicamente relevantes, pondo em cena mortos do grupo em situações determinadas. Um canto original é dito *mara mi ri-i*, ainda não atualizado, ou apenas *miripitã*, 'bom' (lit. 'desejado pelas gentes')". Digamos ainda que os ameríndios possuem não apenas classificações da produção textual, mas também teorias da criação poética. Não há povo que não tenha pensado sobre a linguagem e suas múltiplas dimensões. Veja-se, por exemplo, o caso dos Mbyá Guarani, que agrupam certos signos e construções verbais sob a noção de *ne'è pora*, as belas palavras, apanágio dos profetas, que costumam proferi-las diante do sol nascente. "Em guarani, o adjetivo *pora* qualifica o enfeite, a beleza do que é enfeitado; não se diz belo um arranjo natural. As belas palavras: palavras enfeitadas. O que são, efetivamente, de várias maneiras: a forma poética da composição; o arranjo sonoro das palavras, já que a voz que pronuncia redobra as vogais, como para acentuar sua musicalidade; as metáforas de que se enfeita a linguagem", escreve Hélène Clastres. A partir daí, os Mbyá definem como *ayvu pora* a bela linguagem, o conjunto dos discursos divinos. É claro que existe também uma teoria Araweté da criação poemusical. No caso da produção xamânica, apesar das diferenças entre as suas retóricas, Arawetés e Mbyás concordam num ponto central: a "bela linguagem" é dádiva dos deuses. Para os Arawetés, o xamã poetiza o que sonhou. Mas não só. Eles distinguem entre os seres incriados — os Maï, os humanos, os jabutis — e aqueles que foram criados, *mara mi re*. Avisa Viveiros que o verbo *mara* é traduzível como pôr ou presentificar, em sentido locativo e metafísico. "A criação é uma 'posição de ser'; ela se distingue da fabricação (*moni* ou *apa*), ato concebido como elaboração demorada de uma matéria-prima. Os objetos culturais são fabricados; mas os cantos, por exemplo, são 'postos'. *Mara* é propriamente pôr como existente, atualizar". A criação poético-musical não é vista pelos arawetés no campo do artesanato humano, mas em esfera demiúrgica: "As canções são 'postas', *mara*, pelos deuses". Estamos às voltas com a universal teoria da inspiração. A palavra-canto Araweté está sediada em outro mundo — e desde lá é soprada. Infelizmente, Viveiros não nos diz como as canções são "postas". Ficamos sem saber exatamente qual é a natureza dessa interferência psíquica divina. E este não é um detalhe supérfluo. Pense-se, por exemplo, no horizonte poético grego. Há lugar aí para as distinções nada significantes. Hesíodo declara que as musas heliconíades lhe ensinaram "um belo canto", mas bem outra é a postura de Píndaro — este pede à Musa que lhe conceda uma rica corrente de poemas, brotando de seu próprio entendimento.

Poderíamos dizer que o xamã Araweté está mais para Hesíodo que para Píndaro. Mas me parece que a concepção Araweté é mais radical. Segundo Viveiros, a expressão *Maï marakã* é genitiva e possessiva: as canções são dos deuses. Viveiros conta que, quando falou com um xamã sobre uma canção que este havia cantado, ouviu de volta: "não cantei nada, quem cantou foram os Maï". Em outra oportunidade, ao perguntar se poderia gravar um canto, responderam-lhe que este era um assunto sobre o qual os humanos não poderiam decidir, já que as canções não lhes pertenciam. O xamã é um médium para a palavra-canto divina. Um porta-voz. "O xamã é como o rádio", dizem os arawetés ("caixa de deus" é, aliás, uma expressão polinésia para xamã). Os Maĩ são a matriz do canto, a central geradora da mensagem e de sua Gestalt. Nada indica que extraiam palavras de um fundo anímico pessoal ou providenciem um desbloqueio do fluxo poético represado no interior do indivíduo. Infundem e impõem seu discurso. A música dos deuses é assim caracterizável por uma exterioridade radical. Aparece como produção celestial inoculada na alma do poeta-mago. Como disse Viveiros, "o corpo-sujeito da voz está alhures". O xamã se limita a vocalizar a poemúsica divina. Mas, ao mesmo tempo, seus cantares são "narrativas" de suas visões dos deuses. E isso nos coloca cara a cara com o paradoxo da poética Araweté. Como o canto pode ser ao mesmo tempo veiculação (passiva) do discurso divino e visão (ativa) do mundo dos deuses? Os arawetés parecem admitir com tranquilidade a coexistência dessas ideias opostas. É um movimento duplidirecional, em diversos planos. O xamã veicula em seus cantos o saber cosmológico do grupo, mas parece intervir até idiossincraticamente no conjunto desse saber: suas experiências extáticas repercutem criativamente no corpus mitológico da sociedade. Esta mesma ambivalência preside à recepção Araweté dos cantos xamanísticos. A sociedade não reconhece no xamã um autor, mas sabe distinguir suas canções. Podemos falar então de um paradoxo autoral da poética Araweté. E não há por que argui-lo com a palmatória do princípio da não-contradição.

8

Vamos falar agora de um texto xamânico, o "Canto da castanheira", cantado pelo pajé Kãnipaye-ro. Seu tema central é o desejo dos deuses. Em primeiro lugar, desejo sexual pelas mulheres terrestres, que ressuscitam divinizadas no céu. No caso, deuses jovens, solteiros, cobiçam a filha do xamã Kãnipaye-ro, morta aos dois anos de idade. Não se trata de pedofilia astral, inexistem crianças no céu Araweté. Crianças mortas ressuscitam na plenitude da juventude e da beleza. Os Maï estão "emplumando a castanheira", como se repete obsessivamente no texto, porque desejam a menina-moça. O verbo "emplumar" não parece ter aí sentido metafórico: os deuses estão cobrindo a folhagem da castanheira com plumas de harpia — e assim a árvore rebrilha na luz da manhã. A metáfora aparece, metáfora direta, no substantivo "face", aqui em lugar da folhagem da árvore frondosa. A menina pergunta, do começo ao fim do texto, por que os Maï estão "emplumando" a castanheira (*ia'i*). É um artificio retórico. Os deuses são claros: eles a desejam — querem comê-la, sexualmente. "Por você as castanheiras se emplumam". Eles a convidam para "flechar tucanos", metonímia para "levar ao mato", expressão codificada para relações sexuais. Versos 40-41: "Por que você empluma a face da castanheira?/ Por querer levar mulher para caçar". Viveiros: "O verso 41 é dito diretamente pelo xamã, construindo-se como uma constatação genérica e conclusiva: ele responde à pergunta-tema do canto, o porquê dos deuses emplumarem a grande castanheira. Não se trata mais ou apenas de sua filha, mas das mulheres (humanas) em geral. O 'levar para caçar' é o sexo". É na mata, de resto, que os arawetés promovem trocas temporárias de cônjuges. Além de querer a moça, os deuses desejam canibalizar o xamã e degustar jabutis. Temos aí o canibalismo divino e a refeição ritual. Os três desejos remetem a um mesmo ato — o comer, em suas diversas acepções na cultura Araweté. Comer sexual, comer canibal, comer ritual. Os deuses querem comer. Tudo a que têm direito.

A conexão deuses-humanos, em campo sexual, é assunto que não examinarei aqui. Lembro apenas a sempre citada observação de Ernest Jones. Trata-se de "uma das crenças mais difundidas da humanidade". Metáforas eróticas povoam o discurso místico, inclusive na tradição católica. Isto é explícito nas religiões de possessão, já que esta é entendida, em alguns cultos, como posse sexual. Mas a coisa pode ir além do círculo de adeptos, espraiando-se pela vida social. Apolo e Ogum tanto "montam" seus "cavalos" (*pítia, iaô*), como trepam com "leigos". Mas o caso Araweté tem sua especificidade. Não há cultos aqui — de deuses ou ancestrais. Os *Maï hete* (deuses verdadeiros) são uma réplica idealizada dos arawetés: seres perfumados e brilhantes, donos da máxima potência sexual e xamanística, imortais. Mas há uma correspondência anatômica entre eles e os humanos. Indo mais longe que gregos e nagôs, os arawetés afirmam que nem a imortalidade é uma barreira intransponível. Deus é o destino do homem. *Post mortem*, os humanos se transformarão em deuses. A vida é o espaço de uma expectação. Os humanos não são somente os que ficaram na terra, mas, sobretudo, os que irão para o céu. Esses índios estão aqui passando a chuva. A cultura, no pensamento Araweté, não é o que distingue o humano da natureza-animalidade, mas um momento no caminho para o divino: "a Cultura não é presença, mas espera" (Viveiros). É em tal horizonte que se dá o comércio sexual entre os arawetés da terra e os arawetés do céu. Não basta que os deuses sejam nossos semelhantes (supremo e belo orgulho humano) — é preciso que nos desejem. E que desejem, sobretudo, nossas mulheres... Eis aí uma poderosa fantasia narcísica, obviamente tecida em órbita masculina. É neste contexto maior que se planta o "Canto da castanheira".

Vamos a ele. Dois refrões são utilizados aí. O primeiro é puramente sonorista: "nai dai dai", uma espécie de "obla-di-oblada" Araweté. Aparece no bloco 1 e retorna no bloco 3. O segundo refrão é o nome de uma divindade feminina: Kadine-kãni. Ela abre o bloco 2, onde "dá a impressão de funcionar como uma 'interlocutora' muda ou abstrata da menina morta e do xamã, nesta parte. Na verdade, ela não é uma personagem do canto, mas um refrão, mesmo quando nomeada no meio de certos versos: não se canta para ela, canta-se seu nome. Isso não impede que esta parte do canto seja identificada como manifestando, de um modo que me é obscuro, essa divindade" (Viveiros). Talvez o fato de uma deusa aparecer num canto que gira em torno do desejo por uma mulher possa explicar alguma coisa. E aqui entramos no rol das personagens. Viveiros diz que Kadine-kãni não é personagem e o que ela quer dizer com isso é que ela não perturba o tecido ou o encadeamento do texto. Mas o fato é que, embora silente e imóvel, ocupa boa extensão do poema-canto. E é uma presença forte: Kadinc-kâni, Mulher-Canindé, esposa atual de Aranãmi, o deus que decolou com um pedaço da terra. As demais personagens são o xamã Kãnipaye-ro, seus "irmãos" Ararmã-no e Yowe'i-do e um "avô" da menina, Modida-ro (as aspas correm por conta do sistema Araweté de parentesco). Estão todos "em trânsito". A cena do canto é complexa, misturável. Estas personagens giram num espaço ambíguo ou magicamente nuvioso, numa superposição dos mundos célico e terráqueo. Ou como se as coisas se passassem numa zona de fronteiras abertas. É a isto que nos conduz a "indecisão" espacial do texto: a ação ora transcorre na terra, ora no patamar celestial, quando não se dá simultaneamente aqui e lá, dissolvendo demarcações, como no momento em que os deuses estão na superfície terrestre emplumando uma castanheira que está no céu... Geografia xamânica.

Viveiros se confessa aturdido com o deslocamento constante dos emissores textuais e o jogo citacional. É impossível acompanhar esses movimentos verbais sem um conhecimento íntimo do código. E isso vale para qualquer poética. Vejamos dois versos que encerram uma canção de Bertran de Born: "Papiols, mon chantar recor / en la cort mo mal Bel-tertior". É preciso conhecer o código provençal para saber que Papiols é o jogral de Bertran e que Bel-Senhor é o senhal (pseudônimo imposto pelas regras do amor cortês) da mulher aí cantada. É preciso conhecer igualmente o código para sacar a semiótica gestual do Nô. Só o discernimento claro e íntimo do código poético Araweté permitirá, ao receptor, decifrar as siglas e se guiar com nitidez pela floresta enunciativo-citacional dos *Mai marakã*. "A grande variedade de procedimentos citacionais, bem como o emprego de diferentes verbos para 'dizer', 'falar', etc., não me é completamente clara. Essa variedade é sintático-semanticamente relevante, e provavelmente permite ao ouvinte nativo interpretações com ambiguidade mínima, no que toca ao regime de 'vozes'. Eu tive de recorrer a glosas e extensos comentários para descobrir a lógica do discurso citado, de forma a poder detectar as 'aspas' sintáticas e os casos de discurso indireto". Foi a partir desse rastreamento, orientado pelos próprios índios, que o antropólogo pôde elaborar um roteiro textual. Façamos então um seu resumo.

No bloco 1 temos frases enunciadas pela menina morta. Mas "só se saberá que se trata de uma alma, e da filha do xamã, a partir do verso 9". A teia enunciativa se configura de fato no bloco 2. Versos 6-8; "Quem diz estes versos, aparentemente, é ainda a menina, ou uma espécie de síntese xamã-morta". Verso 9: fala a menina, referindo-se a si. "Ela diz: os deuses disseram (a você, xamã) que desejam sua filha (eu, que falo), disseram que é por desejar sua filha que emplumam as castanheiras". Verso 10: menina diz ao pai que os deuses disseram que estão furiosos porque não lhes foi oferecida a refeição de jabutis. Como o canto nasceu quando se iniciavam os preparativos para as caçadas coletivas do jabuti, o xamã dirige aí uma mensagem à aldeia. Verso 13: menina transmite ao pai recado do deus. Verso 17: entra em cena novo emissor. "Quem disse que os deuses disseram que desejam nossa (...) filhinha não pode ser a menina, nem os deuses. Esta construção em estilo indireto linear (Bakhtin) indica que o enunciador é Yowe'-i-do... Na verdade, essa interpretação é retrospectiva, e depende da nomeação de Yowe'-i-do no verso 33". O xamã "cita citações" — e assim chegamos ao bloco 3, onde "o número de 'vozes' e a intensidade emocional do canto atingem seu potencial máximo: cria-se um confronto direto entre os Maï e o xamã, e este irá falar por si algumas vezes". Verso 21: a menina se dirige ao deus; Yowe'-i-do a Ararinã-no. Verso 22; a menina pergunta, aos deuses, sobre outros deuses. 23: ordem dos Maï ao xamã, transmitida pela menina, objeto da sentença. 24: os deuses se dirigem à menina, que passa ao pai a queixa divina. 26: menina diz que Maï, tratando antecipadamente o xamã como morto, diz que vai devorá-lo. 27: primeira fala do xamã. 29: xamã cita Maï (referência — o "avesso do céu" é o patamar celeste dos deuses). 30: xamã cita o deus pedindo a ele, xamã, para convencer a menina. 33: fala da menina; ordem dos deuses a Yowe'-i-do. 34: menina cita comentário dos Maɨ — um humano assustou os pássaros da aldeia celeste. É o xamã, "nossa futura comida" (Viveiros: "um motivo clássico do canibalismo Tupi-Guarani — era assim que os Tupinambá chamavam seus cativos de guerra"). 36: xamã dizendo que o pedido — ordem dos deuses é desnecessário — a menina já não lhe pertence... Daí em diante é fácil seguir o jogo. Apenas repito um outro esclarecimento de Viveiros. "A árvore *iciri 'i* dá uma resina muito perfumada, e seu correspondente terrestre, muito usado pelas mulheres ou entre quartetos de *apihi-pihã*, é o avatar da fragrância celestial". A árvore é citada no final do canto. E *apihi-pihã* é a relação de namoro na troca de casais.

Além desse emaranhado linguístico, temos a dimensão extraverbal. O canto do xamã soa numa performance. O plano vocal, como o gestual, produz informações, coincidentes ou não com a mensagem linguística. Os versos 26-29, por exemplo, tematizam o canibalismo divino, com os Maɨ anunciando a devoração do xamã. Viveiros relata que tais versos "foram cantados em tom mais grave, com a voz muito forte e entonação macabra". Os ouvintes "demonstravam grande entusiasmo, e a 'auto'-nomeação de Kãnipaye-ro era indubitavelmente o ponto alto do canto, provocando risos e comentários excitados". Deu-se então um acoplamento verbivocal, a voz sublinhando a frase linguística. Mas há trechos em que as mensagens descoincidem. Ao cantar as linhas 6-8, o xamã batia o pé no chão, indicando a presença dos deuses na terra. Mas enquanto o gestual sinaliza que eles estão aqui, as palavras informam que estão no céu. A justaposição palavra/gesto cria assim uma justaposição espacial. Esta divergência entre o verbal e o gestual é ainda mais acentuada à altura do verso 15. No caso anterior, tivemos o atrito de referências contraditórias. No verso 15, os signos apontam para contextos díspares. "Eis aqui os Maḭ — eis, a emplumar a face da castanheira", diz o verso. Acontece que, emitindo a frase, o xamã movimentava o chocalho sobre o peito da esposa, o que significa que o corpo desta estava sendo fechado, depois da recondução de sua alma extraviada. No plano verbal, não há qualquer menção ao ato mágico. Verdade que, neste canto, a recondução da alma é um evento lateral. Mas a indiferença entre palavra e gesto é a praxe nesse campo. "As canções produzidas pelos xamãs nas sessões de reassentamento de almas errantes não mantêm uma conexão de conteúdos com o objetivo de tal operação" (Viveiros). Tudo isso nos remete à poética da performance (Eliade já falava, aliás, em "estrutura dramática" da sessão xamânica) — mas também a leitura performática do xamanismo Araweté ainda está por ser feita.

9

Reproduzo a seguir uma tradução do "Canto da castanheira". É claro que não falo araweté. O que o leitor vai ler é, fundamentalmente, a versão de Viveiros. Fiz apenas algumas alterações, abrasileirando os nomes das personagens (em função tanto do "estranhamento" quanto do estrato sonoro do texto), enxugando algumas frases, procurando acumular determinados grupos fonéticos (nasais, por exemplo), etc., mas sem arriscar muito no jogo. Como Viveiros elaborou uma versão etnográfica devidamente mapeada, e quem quiser pode lê-la em seu livro, achei por bem ensaiar uma partida lúdica, tecendo variações em torno de sua tradução. Dou como exemplo o verso 8. O original araweté: *"Maḭ reka reka, Kadine-kãni, ia'iiwã narawõni, kA Maḭ' reka reka"* (afo-

95

ra o que soa como em português: o 1 como no inglês bit; o ~ indica nasalização e o /'/, oclusão suave; à exceção dos nomes das entidades divinas, as tônicas das demais palavras incidem na última sílaba). A tradução de Viveiros: " Cá estão os deuses, cá estão (Mulher-Canindé), emplumando a face da castanheira, cá estão, cá estão os deuses". E a variante (onde tento responder à trama de "k" e "i" do original): "Aqui aqui os Maɨ — Kadine-kanhí — emplumando a face da castanheira, aqui aqui os Maɨ". Mas, antes de prosseguir, devo republicar a íntegra advertência do antropólogo: "... se cheguei a compreender a fala cotidiana dos Araweté — sobretudo, obviamente, quando falavam comigo — e se dispunha de recursos metalingüísticos para 'aprender a aprender', não era capaz de entender os cantos xamanísticos sem o auxílio de glosas e repetições em *ralenti*. De um modo geral, não posso fornecer traduções detalhadas de períodos ou frases mais extensas; há um vasto conjunto de morfemas, aspectos verbais e marcadores retóricos cujo significado desconheço. Por isso, minha interpretaçãodos cantos dos deuses e de guerra — aspectos centrais da vida e cultura Araweté — é superficial, e sujeita a inúmeras cauções".

Mas é evidente que lacunas morfêmicas e eventuais deslizes interpretativos não impedirão a apreciação poética do texto Araweté. Estaremos mais seguros aqui, em termos linguístico-antropológicos, do que caminhando com Pound pela poesia chinesa. E Michel Butor vai ao miolo do problema: o *Finnegans Wake* (Joyce) não só nos proíbe "de ter a seu respeito a ilusão de uma leitura integral", como desmascara essa ilusão a respeito de outras obras, "que nunca conseguimos ler tão integralmente quanto imaginamos". O que importa é que um texto como o "Canto da castanheira" se impõe ao leitor. Poeticamente. E aqui tenho que discordar de Viveiros. Ao montar um quadro de contrastes entre os grandes gêneros textuais arawetés, ele fez uma distinção insustentável: o texto *Mai marakã* seria regido pela função referencial da linguagem, enquanto que no *awi marakã* predominaria a função poética. *Non è vero*. Pelo menos no que diz respeito ao "Canto da castanheira", é incontestável a supremacia da função poética, enquanto princípio organizador das mensagens, ao qual se subordinam as demais funções linguísticas. Para falar em termos técnicos, a similaridade se superpõe à contiguidade. Não só temos a projeção do paradigma sobre o encadeamento sintagmático, como os sintagmas se desdobram atualizando um "mesmo" paradigma. E isso indica a predominância da função poética. Uma citação de Jakobson vem, aliás, a calhar: "Qualquer mensagem poética é, virtualmente, como que um discurso citado, com todos os problemas peculiares e intrincados que o 'discurso dentro do discurso' oferece ao linguista". O agenciamento fonossemântico e a estrutura iterativa não deixam margem para nenhuma dúvida. Se a preeminência coubesse à função referencial, com sua orientação para o contexto, a arquitetura verbal seria outra — e não teríamos o "Canto da castanheira". Talvez não seja excessivo lembrar que a regência da função poética, embora implique uma concentração da mensagem em si mesma, promovendo "o caráter palpável dos signos", não conduz a uma abolição da dimensão contextual. Aproveitando o embalo, acrescento uma outra discordância. Não penso, como Viveiros, que o "Canto da castanheira" deva ser classificado puramente em termos de fanopéia. Sua *imagerie* impressiona, mas não podemos apagar a também impressiva armação fonética. Com sua massa sonora nasalizada, sofrendo aqui e ali o corte das oclusivas, principalmente velares, o "Canto da castanheira" é um texto paronomásico. Fanomelopaico, portanto.

Digamos ainda que a estrutura desse texto Araweté nada tem de linear. É não-aristotélica, neste sentido. Não há princípio-meio-fim. O texto termina como começa, *da capo* verbal, tudo de novo. Reiteração e montagem são os procedimentos construtivos centrais. Sintagmas recorrentes vão se justapondo. Parataxe. Se tivesse que providenciar outros textos para efeitos comparativos, iria buscá-los na ponta-de-lança poética do século XX. Não se chega, no canto Araweté, ao extremo do texto permutatório vanguardista, como em *Julia's Wild* de Louis Zukofsky. Mas a configuração reiterativa não deixa de nos remeter a criações de Gertrude Stein e de autores eventualmente influenciados por ela, como o Hans Magnus Enzensberger de *Schattenbild*. Mas, para não ficar apenas no território da vanguarda, podemos pensar também num texto dos bosquímanos da África, colhido por Wilhelm Bleek e traduzido para o inglês por Lucy C. Lloyd, *The Girl of the Early Race Who Made The Stars* — "as close to the language, say, of Gertrude Stein as the form of na African mask is to the paints of Picasso or Modigliani" (J. Rothenberg). Sublinhe-se, ainda, que o "Canto da castanheira" inscreve-se no espaço da invenção estética dentro da própria cultura textual Araweté. Ao contrário dos cantos redundantes, menosprezados na aldeia, este é um canto "desejado pelas gentes". Escreve Viveiros: "Tal imagem (os deuses emplumando a face da castanheira) é nova, foi criada nesse canto, mas encontrou aceitação e foi entendida por todos; ela associa dois temas canônicos do discurso sobre o céu: as castanheiras e as harpias".

Uma última informação. Sempre que falamos em poesia indígena, a reação imediata é se pensar em termos remotos.

Em textos milenares. Mas isto é somente um automatismo "civilizado". A verdade é que ainda há muitos grupos indígenas espalhados hoje pelo planeta. E esses grupos continuam produzindo seus textos. Informo, portanto, para a provável surpresa de muitos, que o "Canto da castanheira", antes que relíquia de eras longínquas, é uma criação bem recente. Foi apresentado na aldeia do Ipixuna, pelo xamã Kãnipaye-ro (pronuncia-se Kanhipaiêro), na madrugada do dia 26 de dezembro de 1982, fora, aliás, de qualquer calendario ritual. Trata-se então de um dos mais fascinantes espécimes textuais produzidos nos trópicos brasileiros na década passada, fruto de uma poesia viva e vicejante. Mas fiquemos por aqui com os comentários. Vamos, enfim, degustar este belo exemplar de nossa arte verbal ameríndia. Da *Sprachkunst* Araweté. E vejamos como o poeta-mago Kãnipaye-ro empluma a face da linguagem.

CANTO DA CASTANHEIRA

Nai dai dai
Por que você empluma a grande castanheira?
Por que os Maɨ emplumam a grande castanheira,
Modidaro?
Por que os Maí solteiros emplumam a face da castanheira?
Eis aqui os Maɨ, Ararinhano, emplumando
a face da castanheira.
Eis aqui os Maɨ emplumando a grande castanheira.
Nai dai dai
Kadíne-kanhí Aqui aqui os Maɨ, emplumando
a face da castanheira.
Por que fazem assim os Maɨ — Kadíne-kanhí — emplumando a grande castanheira? Aqui aqui os Maɨ — Kadíne-kanhí

– emplumando a face da castanheira,
aqui aqui os Maɨ.
Porque quer sua filha, diz Maɨ — Kadíne-kanhí — que em-
pluma a grande castanheira Foi o que disse Maɨ —
Kadíne-kanhí — ninguém comeu, disse Maɨ.
Por que fazem assim os Maɨ — Kadíne-kanhí — falando em
emplumar a grande castanheira?
Veja aqui os Maɨ, Modidaro, emplumando
a face da castanheira.
Alumia meu charuto caído, disse Maɨ.
Veja aí os Mai, Ararinhano, emplumando
a face da castanheira.
Aqui aqui os Maɨ, emplumando a grande castanheira.
Disseram entre si os Maɨ — Kadíne-kanhí — vamos
emplumar a castanheira. Porque querem nossa filha,
os Maɨ emplumam a grande castanheira.
Por que fazem assim os Maɨ — Kadíne-kanhí — empluman-
do a face da castanheira?
Kadíne-kanhí
Nai dai dai
Por que você empluma na manhã a face da castanheira?
Por que você empluma a face da castanheira? Por querer
nossa filha, disse Maɨ a si mesmo,
Ararinhano.
Por que ficam assim os Maɨ, errando flechas
nos grandes tucanos?
Por que você empluma a face da castanheira, Maɨ?
Vamos passe Sua filha para cá, disse Maɨ.
Por você se emplumam as castanheiras — nai dai dai —
ninguém me deu de comer,
disse Maɨ.
Por que os Maɨ solteiros emplumam assim a face da casta-

nheira, Modidaro? Por que os Maɨ emplumam assim a face
da castanheira? Vou comer o finado Kanhipaiêro, disse Maɨ.
Assim Maí vai me levar, me cozinhar na panela de pedra.
Vamos comer seu finado pai, disseram e redisseram os Maɨ.
Vão me cozinhar na panela de pedra, disseram os Maɨ.
Mais uma vez vão me comer no avesso do céu,
eles disseram.
Mande a menina, disse Maɨ — nai dai dai —
flechar os grandes tucanos comigo,
disse Maɨ.
Por que você passa urucum na face da castanheira?
Aqui aqui os Maɨ, untando a face da castanheira.
Por que os Maɨ acendem assim a face da castanheira,
Yoweído? Vamos, passe sua
filha para cá.
Eeeh! um comedor-de-pequenos-jabutis espantou as gran-
des cotingas, disseram os Maɨ — nai dai dai — Nossa futura
comida afugentou as grandes juritis, disseram os Maɨ.
Plumagem das grandes cotingas, araras-canindé-eternas,
disseram os Maɨ; vamos, vamos flechar os grandes tucanos.
Eeeh! Quanto àquilo de Maɨ pedir a filha,
não precisava pedir.
Nada me foi oferecido; vamos, dê jabutis para mim,
disse Maɨ.
Por que você empluma a face da castanheira?
Eeeh! Nossa futura comida afugentou as grandes juritis.
Por que você empluma a grande icirií?
Por querer levar mulher para caçar, Maɨ empluma
a face da castanheira.
Por que você passa urucum na face da grande icirií?
Por que Maí acaba com meu tabaco?
Nosso chão é cheiroso, disse Maɨ — nai dai dai — assim que

untar idrií, vamos nos perfumar um ao outro, disse Maɨ.
Por que os Maɨ emplumam a face da castanheira?
Nai dai dai

TOLO KUIKURO: "DIGA CANTANDO O QUE NÃO PODE SER DITO FALANDO"

Bruna Franchetto

A palavra *tolo* na língua kuikuro significa "ave ou pássaro" e denota um determinado repertório de cantos femininos, executados no ritual homônimo. Assim, os cantos voam, ou melhor, são feitos voar. Ao mesmo tempo, o nome *tolo* pode ser usado para se referir ao amado, ultrapassando os domínios da família e da conjugalidade e, quando denota o que nós chamamos de "bicho de estimação", as fronteiras entre humanos e não-humanos.

Cerca de seiscentos Kuikuro habitam cinco aldeias na região dos formadores orientais do rio Xingu — Culuene e Burití –, na porção sudeste do Território Indígena do Xingu (antigo Parque Indígena do Xingu), ao norte do estado do Mato Grosso. A língua kuikuro é uma das variedades de uma língua pertencente à família karib, falada por quatro grupos locais vizinhos. São eles, além dos Kuikuro, os Kalapalo, os

Nahukua e os Matipú. Os dados linguísticos e as observações etnográficas contidos neste trabalho são resultado de pesquisa desenvolvida de 1976 a 1982, num período de um ano e meio de efetiva permanência em campo, na aldeia de Ipatse, sendo como objetivo principal a descrição e a análise da língua kuikuro.[1]

A distinção entre fala, fala cantada e canto pode ser utilizada para classificar os diversos e mais relevantes usos da lingua(gem) entre os Kuikuro. Essa tipologia da maneira de falar e da tradição oral Kuikuro — por extensão alto-xinguana — é isomórfica com outros aspectos da vida social e da visão de mundo. Um *continuum* separa e relaciona a fala prosaíca do dia a dia, cujas restrições são simplesmente as da estrutura linguística, dos gêneros mais formalizados, que marcam situações rituais e públicas. Transformações da prosódia — ritmo e melodia — e um crescendo de restrições formais, fixidade do texto, códigos "arcaicos" e do paralelismo típico da poética oral acompanha essa linha ideal, ao longo da qual a fala se transforma em fala cantada até chegar ao canto propriamente dito, língua musicada dos eventos cerimoniais coletivos e dos *itseke*[2] "donos da festa".

A configuração dos espaços físicos e simbólicos da aldeia é a dos espaços dos diversos tipos de fala: *üngahi*, "pelo círculo das casas", é o território das interações do mundo familiar e feminino, da comunicação mais informal e privada, das conversas domésticas, dos silêncios e dos processos de fabricação social e corporal no gabinete da reclusa ou do recluso: a fala é nua, como nu é o corpo não "feito" pelos grafismos da pintura. O anel das casas é a passagem entre o meio, a praça central da aldeia — *hugõbo* — coração social, e o exterior, domínio de onde vêm os "outros", não-humanos, *locus* das transformações, fonte dos cantos de pajelança e território da ausência da fala humana. O centro da praça, enfim, palco da exposição pública e masculina, é polo da fala ritualizada e ponto de referência da coletividade kuikuro. Todo acontecimento cerimonial é assim marcado por uma linguagem enfeitada e pintada, como deve ser o corpo apresentado no *hugõbo*, ou seja, altamente formalizada, onde ritmo, melodia e versificação a aproxima do canto. Por ela celebra-se a unidade do grupo local e além dele, amansando elementos disruptivos representados por *itseke* e *kugihe oto*, e na atualização das origens míticas — reordenamento cosmológico.

O sistema dos gêneros de fala define as experiências da sociedade, imaginação criativa e comentário social; cada gênero é caracterizado por um conjunto de relações entre traços formais, domínios temáticos e usos sociais potenciais (Bem Amos, 1976). Podem ser definidos gêneros de fala cantada, numa escala crescente de restrições formais e de conteúdo, tanto a narrativa (*akinha*) ou arte de contar, como a "conversa de chefe" (*anetü itaginhu*), que inclui os discursos cerimoniais que marcam as fases das festas, intra-aldeia e entre-aldeias, a oratória pública masculina, as fórmulas de cura ou de destruição (*kehege*) (Franchetto, 1986, 1989, 1993).

"Fala cantada" é um gênero entre fala e canto propriamente dito, reconhecida nas explanações discursivas dadas pelos Kuikuro e por traços prosódicos evidentes. A distinção entre fala e música, em termos de seus respectivos poderes criadores, não é tanto uma fronteira nítida, mas uma diferença gradual que se estabelece ao longo de um *continuum* que liga distintos contextos e significados de execução, do privado ao público, do doméstico fragmentado ao social abrangente, do absolutamente humano e para além do encontro entre humanos e não-humanos. Há outra maneira de enfatizar a gradualidade entre os extremos representados pela fala e pelo canto. Se a música, como diz Basso (1985), em particular no ritual, representa a experiência de um todo indiferenciado, oralidade coletiva, não podemos esquecer que, por sua vez, a experiência da musicalidade como ritmo, repetição harmônica, já está presente na sensibilidade nativa aos ritmos da própria fala. Assim, os dialetos da Língua Karib Alto-xinguana se distinguem na classificação nativa pela melodia, contraponto entre picos tonais e padrões acentuais; tais diferenças se tornam diacríticos de identidades sócio-políticas, as identidades kuikuro, martipu, kalapalo, nahukua (Franchetto, 1986).

Podemos dizer que os Kuikuro estabelecem uma distinção entre a invenção ilusória que os seres humanos produzem através da linguagem/fala, com sua criatividade figurativa e a capacidade de prefiguração, e o poder transformador da música, associado aos seres *kue gü*, "hiper", os *itseke*. As 'rezas', palavra cantada pela qual se espera produzir mudanças e efeitos reais, seriam réplicas enfraquecidas das originais pronunciadas pela primeira vez pelos *itseke*. Os mitos fundamentam o aspecto mais importante da execução ritual, a música, e é pela execução musical nos ritos coletivos que os homens compensam a ilusão da criação verbal por um meio de comunicação que transforma a consciência de si, a consciência coletiva e a apreensão do mundo através da sensualidade e dos afetos que a musicalidade inspira e transpira.[3]

No extremo da fala nua, as fronteiras entre verdade e mentira são fluidas e precárias. A questão da "verdade", me parece, é muito mais algo que se atribui a tipos de fala, de discurso. "Verdadeiras" são as *akinha* (narrativas), mitos de origem e feitos dos antigos, transmitidos de uma geração a outra; "verdadeira" é a fala cerimonial, a "conversa do chefe". Outras falas guardam sempre em si a possibilidade do engano (*augene*, da raiz *au* , "enganar, mentir"). A partir das criações de *Giti*, "Sol", chamado também de *tau ginhü*, 'o enganador', que nomeia a chama à existência, confunde os humanos, condenando-os a definitiva aceitação da mentira que os separou definitivamente do excesso primordial, a linguagem/fala é responsável pela infinita série de astúcias e ilusões que informa a comunicação dos homens em sociedade. Nela cabe a distinção entre fala e canto, já que se fala é jogo ininterrupto de ficções que aproximam e afastam sujeitos emissores, receptores e enunciados, é pela musicalização da fala ou pelo canto que se procura superar o paradoxo da verdade/mentira, num dizer transfigurado pela música. Nesse sentido, o que se diz cantando é "verdadeiro", ou pela distância temporal/cosmológica que separa o emissor e o enunciado, ou pelo fato do canal musical significar uma comunicação de alguma maneira transcendente.

Não há transformação abrupta da fala em canto, da criação individual na recriação coletiva. Num ponto do continuum se dá a passagem de um domínio ao outro. Neste ponto parecem se situar os cantos individuais, que tornam de alguma maneira coletivas afetos e afirmações singulares. Nos cantos *tolo*, a fala está presente, embora constrangida em estruturas e formas poéticas, modificada pelo espaço e tempo do verso e da linha melódica. Misturam-se cantos "com palavras" e cantos puros, onde a voz reproduz os tons verbo-musicais com sílabas sem sentido, nos contextos rituais mais densos das "festas" ligadas aos *itseke* e nos encontros inter-aldeias.

Dos cantos "com palavras", destaco, aqui, dois gêneros: *tolo* e *kuãbü*.

Os cantos *tolo* nos remetem às mulheres, únicas a executá-los, com um repertório fixo composto por dez suítes, ao todo cerca de 150 peças, que compreendem cantos 'antigos', 'costurados' (compostos) e executados em algum momento do passado por alguma mulher para seu amado, ou, talvez, migrados de outra "festa" feminina, *Jamugikumalu* (literalmente, em uma das línguas aruak originais do Alto Xingu, 'hiper-mulheres'). Os cantos *kuãbü* podem também ser considerados *tolo*, mas compostos ad hoc por ocasião da "festa" homônima. Cantos *kuãbü* podem se consagrar numa 'tradição', se assim podemos dizer, e ser re-cantados por quem os ouviu e apreciou. As fronteiras entre *tolo*, *jamugilumalu* e *kuãbü* parecem ser fluidas. Aqui, o que diferencia *tolo* e *kuãbü* é, na verdade, uma questão de autoria identificável e de ocasião, contexto ritual. Na "festa" *Jamugikumalu*, por outro lado, são recriados os eventos míticos da revolta feminina que transformou mulheres em *itaõ kwe gü*, "hiper--mulheres", seres andrógenos que se exilaram nos confins do mundo tendo excluído os homens do seu convívio. Vários cantos *jamugikumalu* — os "sem palavras" — vivem na *akinha* (narrativa) da transformação, pontuando seus momentos cruciais.[4]

Os *tolo* tematizam as relações entre homens e mulheres, falando dos amores clandestinos dos *ajo*, 'amantes', de ciúmes, sedução, desejo de fuga, medos, conflitos entre afins, encontros e desencontros do casamento (Franchetto, 1996). A autoria dos *tolo* se perdeu na memória da transmissão oral; personagens são mencionadas, já nos limites do tempo da memória.

Esses cantos compõem uma longa sequência executada pelas mulheres "em festa", ora no centro da aldeia — irrompendo no espaço masculino — ora percorrendo o círculo das casas. As cantoras ou *eginhoto*, 'donas ou mestras do canto'[5] ora se juntam em pequeno grupo à noite, ora lideram a coletividade feminina da aldeia nos momentos mais solenes e coreográficos. As mulheres estão enfeitadas com os adereços masculinos e pintadas de urucum. Durante a "festa" elas são 'hiper-muheres'. A "festa" é pontilhada de escaramuça entre os sexos que, às vezes, se tornam verdadeiras pequenas guerras, onde mulheres e homens provocam e atacam. As primeiras zombam os homens pelo apetite sexual agressivo, violento, que causa dor; ridicularizam a genitália masculina pela sua feiura ("pênis entra, vomita e fica fraco, desmaia"). Os homens respondem expondo por sua vez as razões pelas quais a vagina é repulsiva, com seus cheiro, seus humores, seu mistério escondido, um interior que queima e é insaciável; além disso, a vagina é cara, desmedidamente cara, lembrando assim o trabalho ao qual o homem é obrigado para satisfazer 'o pagamento da vagina', seja como genro, seja como amante.

Kuãbü é um *itseke* do fundo das águas. A "festa" que se realiza em seu nome a fim de domesticar seu poder disruptivo como causador de doenças — o que é comum à maioria dos rituais dos e para os *itseke* — é um evento *sui generis*, um pequeno carnaval entre muros, "festa" intra-tribal. A criatividade individual é soberana, nos enfeites ou melhor nas fantasias que cada um escolhe para si e nos cantos. Estes, executados individualmente ou por duplas, são levados de casa em casa. Durante o dia e a noite, os cantadores irrompem ruidosamente nos espaços domésticos com suas roupagens extravagantes, pinturas borradas, carregando os objetos mais variados. Cantos e fantasias são mensagens que, de alguma maneira, se complementam, se comentam. O cantador ou cantadores ou reproduzem cantos de outros, cuja autoria é reconhecida e reconhecível, ou oferecem um canto composto para a ocasião. Os cantos são escolhidos ou criados pelo fato de "serem bonitos" ou, mais frequentemente, por serem mensagens cujo destinatário, não mencionado, sabe de ser o alvo. Os temas são, de todo modo, sempre de interesse atual, conflituosos, assuntos que mobilizam. Dizem os Kuikuro de quem está cantando: *ekise tolotu dagü*, literalmente "ele está dando o seu tolo".

Os "textos" dos cantos *kuãbü* contém comentários, admoestações, acusações, recados transmitidos publicamente numa situação ritualizada e dirigidos seja a receptores específicos, seja à coletividade como um todo. Os temas são, em geral, os mesmos dos "mexericos", entendidos como o canal privilegiado da política que faz e desfaz as redes de alianças matrimoniais e faccionais: amores e amantes, adultérios, feitiçaria, os problemas da afinidade, a presença dos brancos. Cantando, qualquer um pode acusar ou defender-se diante do testemunho de todos os ouvintes. O canto, assim, parece permitir uma passagem do gênero conversacional mais privado para um discurso catártico e metafórico tornado público. Aqui, a música é um operador de transformação não no plano cosmológico/ontológico, mas entre modalidades de comunicação. É como se fosse possível, entre os Kuikuro, alcançar dramaticamente pelo canto uma licença para dizer uma verdade, sempre deslocada e inalcançável pela fala nua, prosaica[6]. Vale o lema "diga cantando o que não pode ser dito falando", já que pelo canto o "mexerico" — fala enganadora por excelência — pode se tornar afirmação apaixonada. Não é por acaso que uma das expressões kuikuro traduzíveis como 'fazer fofoca' — tradução, aliás, utilizada pelos próprios índios — é *tolotepügü Xheke*, 'X fez ir o seu tolo', ou *X iginhuhügüpe*, 'foi o que X cantou'. Cantando, o emissor se coloca a uma distância estratégica do(s) seu(s) receptor(es) e, ao mesmo tempo, manipula a identidade/distinção entre falante e animador, entre sujeitos da enunciação/mensagem.

O canto pode ser a transformação da voz dos *akiho*, pessoas que, ocultas dentro das casas ou na escuridão, tecem comentários públicos em voz alta e alterada pelo falsetto, ou imitando sotaques e maneirismos verbais. As palavras dos *akiho* podem se tornar canto ou tema de um canto. No *kuãbü*, as relações são ainda mais complexas. Canta-se o canto do outro ou de outros, reatualizando-o para a ocasião e novos destinatários: X *tolotepügü*, 'o que foi canto de X', onde X é o nome do compositor original, ou ainda *akuku tolotepügü* ('o que foi canto kalapalo'), ou *uagihütü tolotepügü* ('o que foi canto matipu'), onde já se perdeu a lembrança da autoria individual e só permanece a da autoria coletiva em termos da identidade de um grupo local[7]. O cantor pode cantar também o seu próprio canto. De qualquer maneira, no *kuãbü* o sujeito enunciador, primário ou citado, é sempre expresso, exposto, o que não acontece com as 'estórias' dos *akiho*, por exemplo, ou na "fofoca", se não no reduto do domínio mais privado. O canto estiliza, formaliza uma fala ordinária despersonalizando o sujeito falante e, assim, permite seu desvendamento público. O dizer prosaico, sempre nos limites da "mentira" e velozmente passageiro, se transforma, ou pelo menos alguns de seus fragmentos, em textos musicados e fixados que comentam questões da vida social através de cenas instantâneas. De qualquer maneira, na origem e atrás de todo canto há sempre uma *akinha* (narrativa).

Alguns "textos" de cantos *tolo* e *kuãbü* são apresentados a seguir com a transcrição da execução em língua kuikuro, acompanhada de uma tradução e, quando necessário, de breves comentários para o entendimento de seu significado literal e implicado e do contexto da sua encenação pública. O trabalho de tradução constitui não uma transposição mecânica de equivalentes semânticos de uma língua a outra, mas uma tentativa de recriação poética que permita uma apreciação do original não tão distante daquela vivenciada pelos que escutam, se divertem, se emocionam durante as "festas". Os cantos foram executados e gravados no ano de 1981, na aldeia kuikuro de Ipatse.

CANTOS TOLO

kukahetekege
einhakagagü unkguati utetomi
tukuti utetomi

tuatila
kukajotu itsomi
kukigekeha aake
eituna kige

aake utelü
itaõ kilü uheke
ehuguale etelü
kukigakaho

egete
uotonu
    ehüneke
    ehüneke

Agitologute

uotonu
    ehüneke
    ehüneke

Makaigi kengüa
uotonu
    ehüneke
    ehüneke

osiha kukilühake
lepeneha ugahõdetai eheke
okangi hoho
ungakangu dai
uhekutegai hoho
lepene ugahõdetai eheke
ülehinhe(ti)
osiha kukilü deke
uilühapügünginhe

que nasçam asas em nós
na palma da tua mão vou aportar
feito beija-flor

não podes ficar aqui
para namorarmos
leve-me contigo
vamos para tua aldeia

"vou contigo"
disse-me a mulher
de canoa ela se foi
na nossa frente

lá longe
senti saudade
      de ti
      de ti

em Agitologu
senti saudade
      de ti
      de ti

chegando nos Bakairi
senti saudade
      de ti
      de ti

sim, vamos botar nossos colares
só depois você poderá me queimar
espere
quero banhar-me
quero pintar-me
só depois você poderá me queimar
não agora
sim, vamos botar nossos colares
só depois de enfeitar-me com meu colar

Muitos dos cantos *tolo* têm como tema afetos ligados às paixões clandestinas dos *ajo*, 'amantes'. É a melancolia da saudade, é o impulso para a fuga. As relações extraconjugais formam uma complexa rede de trocas: sexo feminino versus "presentes" e "pagamentos" masculinos ("a vagina é cara e querida"). Os bens adquiridos pelas mulheres em seus encontros amorosos são, em seguida, imediatamente colocados em circulação numa espécie de mercado ritualizado, o *uluki*, exclusivamente feminino. O homem, personagem animado no último canto, pede à sua ansiosa *ajo* para que espere ele se fazer bonito; só depois ela poderá "queimá-lo". Se o pênis "fura" a vagina, ele é, por sua vez, "queimado" por ela.

Ahinhukuegü
egetongope agikenümi
hugogo gitalüpe
tuahihongope

Ahinhukuegü
os de lá cortaram os teus cabelos
lá na praça da aldeia
lá sobre a esteira

O canto é uma representação, em pinceladas, do evento que marca a saída da jovem *Ahinhukuegü* da reclusão pubertária: o corte público de seus cabelos que, intactos desde o começo de sua reclusão, já cobrem seus olhos e suas costas. A cena é vista pelos olhos de quem ou a amou clandestinamente ou a quer agora mulher.

ãde gele ungipi
euigü apope
euigü apope(ni)
uotongohoi
uhangangohoingoi gele

ainda tenho
o pedacinho de madeira do seu ulurí
o pedacinho de madeira do seu ulurí

para eu sentir saudade
para eu usá-lo como brinco

O homem tem um fragmento do ulurí da sua *ajo* como lembrança dos encontros. O ulurí (*etungi* ou, em sua forma possuída, *i gü*) é uma pequena vestimenta feminina, triângulo de entrecascas que cobre a fenda da vagina, segurado por fios de burití que circundam o quadril e penetram entre as nádegas. Nas representações gráficas, o ulurí é visto como parte integrante da genitália feminina — nunca nua, mas sempre, de algum modo, vestida, coberta, domesticada. Para os homens, o ulurí é a própria vagina.

uakitingo(pe) itsomi(ti) unhoi
    itaõ kilü
uonitühügüpe itsomi(ti) unhoi
    itaõ kilü
inha gele uitsatomi
    itaõ kilü
uhüluhoila uitsatomi
    itaõ kilü

Hagita
inhana kuki bike
kukatahokitomi
uitahokitagü eheke

angitsi unho(inho)
hangango apogohotse
oi lapi apogohotse
kutihukeke ahisu
Nigikue gü heke ukilü

agihisu apogohotse

eu gosto do meu esposo
     disse a mulher
eu sonho com o meu esposo
     disse a mulher
eu me deito com ele
     disse a mulher
eu não o deixo andar por aí
     disse a mulher

Hagita
vamos fugir, nós dois para longe
para nós namorarmos
para você me namorar sempre

eis ele o meu esposo
bonito enfeitado com os seus brincos
bonito enfeitado com o seu colar
bonito com a sua testa pintada.

"vamos falar rouco"
eu disse para Nigikue gü

Dois versos, apenas, em que o amante pede à mulher para que fale em voz baixa, para que ninguém os escute enquanto se amam escondidos.

CANTOS KUÃBÜ

ãdeletingapa ijatsi ekilüingo uheke
ukitsigote itaõ(ni)

uitaginhuti leha eingukhokinümingo
uihatilü leha eingukhokinümingo

ketitagigó atsange
Aunukuhainha
akiho ekisei
kahinhatügünipa

tükima uakinalü eheke
tila tinhipi tahãdene ingü
nhatüi tinhipi au gene ingü

tüekuma akihanalü heke
eigügükatüati
akihanalü heke
emingakügükatüati
akihanalü heke

ajaha hagüti tahãdukipüngui
itaõ tahãdukipüngui
etekuginhe isenisüko
tahãdukipüngui
etuni isenisüko

tüiku bejaki uanügü
ai ataiha tahãdukikeha
eulukitsiguinha
akanügüinha

ilá taitimanga
ukipügü tuatatinhüi
isinilataitima

ukipügü tuatatinhüi

quiçá se um dia tu dirás para mim "Coitado!"
quando eu morrer, mulher
sentirás falta querendo a minha conversa
sentirás falta querendo que eu saia para a praça, mulher

não saia
para Aunukuha
ele é falador
ele é falador quando namora, tu sabes

por que tu falas sempre de mim?
três sacos nós temos de mentiras
cinco sacos nós temos de fofocas

quem foi que andou contando?
a tua vagina com certeza
é que andou contando
o teu clitóris com certeza
é que andou contando

estou cansado, porque as velhas não param de fofocar?
porque as mulheres não param de fofocar?
elas não gostam de urucum
porque não param de fofocar?
elas não gostam de ulurí

estou cortado como com faca
basta! pare de fofocar!
quando vai para o ulukí
quando vai para sentar

foi por nada
tu que inventastes meu ter falado
sem dor dele a toa
tu que inventastes meu ter falado

Nos cantos *kuãbü* é tematizada a circulação vital e perigosa dos mexericos, das fofocas , dos boatos. Circulação vital, já que, como disse anteriormente, é por ela que se tece a política intra e inter-aldeias, nos jogos faccionais em que se articula a disputa pelo prestígio e pelo poder. Circulação perigosa, já que curta é a distância que separa o comentário da acusação e a acusação de uma identificação pública do suposto acusado. Este poderá, eventualmente, ser identificado como "dono de feitiço", perseguido pelos familiares da suposta vítima, se estiver socialmente fraco, sem a proteção de uma parentela coesa, marcado por sinais de marginalidade ética ou estética. O "dono do feitiço" lança suas pequenas e invisíveis flechas no corpo da vítima ou amarra com cera e fios de burití refugos do corpo ou fragmentos de objetos da vítima. É assim que desastres, doenças e mortes acontecem. O desfecho violento de um ato de acusação — ato extremo e raro — desencadeia longos ciclos de vinganças, que também fazem parte da política dos conflitos faccionais. Nos cantos *kuãbü*, os acusados se defendem, ora em tom de desespero ora com o humor da auto-acusação, e por sua vez, de modo geral, acusam genericamente as mulheres, "donas da mentira e da fofoca", instigadoras dos mexericos. A fala feminina é radicalmente corporificada: são as vaginas e os clitóris que contam. Entre elas, as velhas são particularmente visadas; não mais condicionadas pela submissão aos pais, aos sogros ou ao esposo, livres do sexo fértil e controlado, as mulheres mais velhas exercem um poder real e eficaz através da fala oculta ou pública. Há um momento e um espaço privilegiados para os mexericos femininos: é o evento do *uluki*, quando as mulheres se encontram para além dos grupos domésticos e trocam bens e estórias.

tüonikisitá leha
uanügü
amanhu heke
tüonikisitá leha
uanügü
apaju heke
Ajahu heke
tuelü igakaho

kugihe ototüha ugei
oinhe ototüha ugei
kuhikugu pagisü heke
uhutühügü
kugihe otoi
oinhe otoi

ugenipa itsomi
eijatohongo itaõ
tapogi kutegatomi
ukagapilüale

eu sonhei
eu estive sonhando
com minha mãe
eu sonhei

eu estive sonhando
com meu pai
com Ajahu
antes deles serem mortos

dizem que sou dono de feitiço
dizem que sou dono do feitiço de amarrar
os pajés kuikuro
me conhecem
são donos do feitiço
são donos do feitiço de amarrar

deixe-me ficar
com duas esposas, mulher
estamos indo muito bem
brigando

O canto acima comenta com ironia a não fácil convivência de duas esposas de um mesmo homem.

engelükoi uenhügü
kuki bukinetagüko
akatsige
Buguna heke igei
engelükoi uenhügü

para vos amendrontar eu vim
ela está nos espionando a todos
de verdade
Bruna é esta
para vos amedrontar eu vim

O "branco" é também personagem dos cantos *kuãbü*, personagem ironizado, ridicularizado, ameaçador. Neste último canto, a personagem é a própria pesquisadora. A identidade de "antropólogo", uma das máscaras do teatro das relações entre índios e "brancos" no Alto Xingu, é composta de uma aparência marcada por sinais materiais (chapéu, gravador, máquina fotográfica, uma pesada bagagem) e por uma sede insaciável de "estórias de índio". Foi esta a fantasia com a qual dancei e cantei no *kuãbü* de 1981 entre os Kuikuro. A iniciativa não foi minha, apenas concordei — curiosa — com um convite bastante incisivo feito por algumas das mulheres mais velhas. O canto foi composto para mim, não por mim, uma vez que tentativas anteriores de me tornar autora de *kuãbü* não tinham tido muito sucesso (queria apresentar um canto que falasse da má comida da minha sogra na cidade, causa da minha magreza, satisfazendo, assim, as mulheres kuikuro que se sentiam responsáveis pela saudável gordura por mim adquirida na aldeia). A ironia está presente na ameaça que eu representaria, a pesquisadora descrita como fosse um monstro canibal. Eu cantei, os Kuikuro riram à vontade da brincadeira, tendo conseguido colocar em minha boca a minha própria caricatura, caricatura do paradoxo entre minha inferioridade como "branco" e como mulher e o poder que me fazia capaz de capturar a fala e as estórias kuikuro, para sempre, em fitas e folhas de papel.

NOTAS

1 A pesquisa entre os Kuikuro, entre 1977 e 1982, foi realizada graças ao apoio do Programa de Pós Graduação em Antropologia Social do Museu Nacional — UFRJ, do Conselho Nacional do Desenvolvimento Científico e Tecnológico/CNPq e da Ford/ANPOCS. A transcrição da língua kuikuro adotada neste artigo usa a ortografia estabelecida pelos professores kuikuro e a autora.

2 A palavra *itseke* é geralmente e equivocadamente traduzida como 'espírito'.

3 Basso (1985) trata de algumas das questões abordadas neste artigo do ponto de vista de outro grupo karib alto-xinguano: os Kalapalo. As semelhanças são evidentes, embora a variedade Kalapalo seja distinta da falada pelos Kuikuro por elementos lexicais, morfológicos e, sobretudo, prosódicos.

4 O texto completo de uma versão da "estória" das *Jamugikumalu*, contada pelo mestre Ijáli, se encontra no Apêndice em Franchetto (1986), e em uma versão resumida em Franchetto (1996).

5 As *eginhoto* — 'donas ou mestras dos cantos' — são especialistas muito apreciadas. A aprendizagem dos cantos se dá num demorado processo de memorização e numa longa relação de transmissão entre mestras ou mestres e discípulas, marcado, em certas condições, pelo pagamento do saber dos ou das especialistas. Há algumas suítes de cantos *tolo* que são definidos como "caros", "sagrados", "proibidos". A execução destes últimos, fora dos contextos rituais, é rara e, quando acontece, caracterizada por uma áurea de segredo e preocupação a respeito das possíveis utilizações ilegítimas que o ouvinte — o pesquisador, por exemplo — poderá fazer.

6 Basso (1993) trata da questão da "verdade" entre os Kalapalo através de uma descrição sensível e aguda dos epistémicos que caracterizam diferentes gêneros do discurso. Epistémicos evidenciais são partículas ou morfemas que codificam o valor de veridicidade atribuído pelo sujeito enunciador ao seu enunciado. Uma análise

dos epistémicos evidenciais que marcam os versos dos discursos cerimoniais Kuikuro é apresentado em Franchetto (1993).

7 Pelo canto é possível ultrapassar, neutralizar, as fronteiras que separam identidades em contraste. Assim, no Alto Xingu, o pajé pode cantar a fala dos *itseke*; os chefes mestres dos discursos cerimoniais se engajam em verdadeiras polifonias linguísticas com os representantes de outras aldeias; canta-se em aruák, em tupi, em karib, os cantos da fundação das cerimonias pan-alto xinguanas. Tudo isso num sistema multilíngue, como é a sociedade abrangente alto-xinguana, onde é imperativo a preservação das distinções linguísticas entre os grupos locais, linguisticamente conservadores e linguisticamente, idealmente, endógamos.

REFERÊNCIAS BIBLIOGRÁFICA

BASSO, E. B., 1985. *A musical view of the universe*. Philadelphia: University of Pennsylvania Press.

__________1993. A Kalapalo Testimonial. *L'Homme*, 126-128, avr.-déc. 1993, XXXIII (2-4): 379-407.

BEN AMOS, D. 1976. Analytical categories and ethnic genres. In D. Ben Amos (ed), *Folklore Genres*. Austin: University of Texas Press, p. 215-237.

FRANCHETTO, B. 1986. Falar kuikuro. Estudo etnolinguístico de um grupo karíbe do Alto Xingu. Tese de doutorado. Rio de Janeiro: Programa de Pós-graduação em Antropologia Social, Museu Nacional, UFRJ.

__________1989. Forma e significado na poética oral kuikuro. *Ameríndia* n. 14, Paris, CNRS: 81-118.

__________1993. A celebração da história dos discursos cerimoniais kuikuro (Alto Xingu). In E. Viveiros de Castro e M. Carneiro da Cunho (orgs.), *Amazônia. Etnologia e história indígena*. NHII-USP/Fapesp, São Paulo, p. 95-116.

AS BELAS PALAVRAS

Josely Vianna Baptista

*Fragmento de entrevista
realizada por Robert Fernandez,
em 2015.*

Penso que comecei a trilhar as veredas invisíveis de *Roça barroca* mesmo antes de saber ler e escrever. Desde menina eu gostava de "inventar" e "editar" mesmo o acontecimento mais banal, e uma formiga solitária se equilibrando numa vagem crestada de flamboyant, por exemplo, navegando depois de uma tempestade na torrencial enxurrada que transbordava o meio-fio de um vilarejo no interior do Brasil, onde passei a infância, aquela formiga flutuando na enxurrada que carregava em sua voragem grumos de barro vermelho e mudos gravetos secos e o susto das flores náufragas que volta e meia emergiam e submergiam girando em remoinhos, era para mim todo um acontecimento (e a foz de um rio, o riso de um menino, o óleo no miolo da noz), que eu transformava num épico cinematográfico feito de *takes* reais e imaginários, e então — embalada pelo rumor de rios inaudíveis, ainda sem saber que estava sobre o segundo maior manancial de água doce subterrânea transfronteiriço do mundo, o Aquífero Guarani –, ficava cismando sobre o que haveria sob aquela terra roxa que, com a chuvarada, virava um barro primordial. É o caso do poema "dois rios", constante nesta antologia.

Naquela época deflagrou-se em mim uma espécie de febre da imago, e o suor dessa febre veio, por assim dizer, porejar em *Roça barroca* 30 anos depois, no poema *"misiones"*, que também está presente neste livro.

Minhas pequenas naves vegetais não singravam o impenetrável mar, e sim os rios daquele sertão exuberante. Rios míticos, diríamos, de tanta história que confluía em seu curso, rios para os quais árvores ribeirinhas se inclinavam em especulares reverências, criando reflexos cambiantes para meu olhar. Rios correndo sobre leitos de basalto, sobre espessos derrames de pedra-ferro, com suas ribanceiras de uma cor de diferentes matizes de ocre-vermelho, grená, urucum e amora onde se ouvia, onde talvez se possa ouvir, ainda, o canto das crianças índias:

Tove, tove ju,
roríto yma...
Parana rakãre
nde ygua.
Ñu apy rupi
ajaja ro'u roikówy!

Pintado, pintado, amarelo,
o periquitinho primitivo...
gostava de ir beber água
nos braços do Rio Paraná.
Nas barrancas de capim
vamos comer aiaiás!

Vivi a meia légua das margens dos rios Paranapanema e Tibagi, e guardo na memória de infância outras imagens que provavelmente me levaram a enveredar pelo caminho do *Roça*, como a de um velho índio, provavelmente um pajé, que passou uns tempos vendendo ervas que espalhava sobre um pedaço de couro, bem na esquina poeirenta de minha casa no norte do Paraná. E houve, durante um passeio de canoa mais demorado pelo Paranapanema, a descoberta de uma comunidade isolada de guaranis numa sinuosa ilha fluvial. Alguém caminhava ao léu sobre águas forradas de uapês e aguapés. Sobre o pó que um toró tornara em barro fofo, Alguém andava ao léu. Aquilo era um filme, eu estava nele, e congelei-me na cena em que Alguém desfolhou o fôlego abrindo um trilho seco entre espinhos, logo encontrando os goles que a nuvem choveu e a bromélia guardou de madrugada. Aquilo tudo representava um mundo de mistérios e possibilidades para uma menina que passava tardes inteiras na rede, sob o estrídulo calcinante das cigarras, lendo os mesmos romances clássicos tantas vezes que passava a modificar mentalmente seus enredos, em longos devaneios. Até hoje me lembro dessa ilha, do arenoso chão batido daquela picada estreita por onde andamos até avistar palhoças e ouvir uma algaravia de sons nunca dantes escutados, uma outra língua, uma outra linguagem, uma respiração nova para mim.

(Hoje minha memorável ilha está sob as águas da Represa de Capivara, que ao inundar, no final da década de 70, grande parte das terras mais férteis do mundo — ao lado das terras às margens do Nilo –, causou a histórica, desintegradora migração dos lavradores para a periferia das grandes cidades. Presenciei, então, um irreversível apagamento da diversidade natural e cultural. Pouco a pouco, passaram a fazer parte da paisagem acampamentos de trabalhadores sem terra à beira das estradas, morando em improvisadas cabanas feitas de retalhos pretos de plástico. Vários desenhos de Francisco Faria mostram panoramas do Pontal do Paranapanema, onde fomos, com nosso filho pequeno, conhecer um desses grupos na própria zona de conflito.)

Quando fiz 12 anos tive de sair do interior do Paraná (do tupi-guarani *pará-nã*: semelhante ao mar — braço de rio, largo e extenso, que forma uma ilha e que encontra o mesmo rio mais adiante) e voltar para a cidade onde nasci, Curitiba (do tupi *curi-tyba*: muitos pinheiros, pinhal), para prosseguir meus estudos. Depois de duas pitorescas temporadas em tradicionais colégios de freiras, que me ensinaram francês e inglês, decidi cursar Língua e Literatura Espanhola e Hispano-americana na Universidade Federal do Paraná, onde também fiz uma pós-graduação em Semiótica e um Curso de Língua e Cultura Guarani que, ao que me conste, foi dado uma única vez nessa Universidade, no início dos 80. Esse meu interesse mais focado em territórios criativos extra-ocidentais e poéticas indígenas sulamericanas se insere, pois, num percurso que venho trilhando desde essa década. Período de lâmpadas estudiosas, de uma atividade intensa de tradução de obras de grandes autores da literatura hispano-americana, que me aproximou de questões culturais importantes da modernidade e da contemporaneidade ibero-americanas.

Foi então que comecei a traduzir, esparsamente, peças mitopoéticas dos Guarani, que publicava no periódico de cultura *Nicolau* (do qual eu fui editora-assistente) e depois na Coleção *Cadernos da Ameríndia*, que criei em 1996 e na qual publiquei três títulos pela Tipografia do Fundo de Ouro Preto (tendo como editor o poeta-tipógrafo Guilherme Mansur), e o quarto por Edições Mirabilia: *Neblina vi-*

vificante: poesia e mito Mbyá-Guarani; Soninho com pios de periquitos ao fundo: canção de ninar Mbyá-Guarani; O amor entre os Nivacle. O mito Nasuc, e Terra sem mal: com rolanças e mergulhos pelos divinos roteiros sagrados dos índios Guarani.

Isso tudo foi, lenta e seguramente, me levando a *Roça barroca*, publicado pela Cosac Naify em 2012, com apresentação de Augusto Roa Bastos, posfácio de Francisco Faria e uma foto de Miguel Rio Branco na capa. Trata-se de um volume dividido em duas partes em que apresento minha tradução para o português de mitos cosmogônicos dos Mbyá-Guarani em edição bilíngue (guarani-português) e a série de poemas "Moradas nômades", inspirados em minha experiência de contato com os indígenas. Para realizar esse trabalho fiz várias expedições a aldeias mbyá-guarani da América do Sul, no que considero um verdadeiro percurso poético/político.

A principal comunidade em que pesquisei foi a de Ocoy, em São Miguel do Iguaçu, próxima das Cataratas do Iguaçu. Eu levava em mãos os originais dos cantos sagrados dos Mbyá-Guarani e um esboço da tradução. Entreguei-os a Teodoro Tupã Alves (importante liderança indígena, ex-cacique, na época professor na aldeia de Ocoy). Ele primeiro presenteou meu filho com um arco e flecha de sua própria lavra, e então começou a "cantar" sua versão do primeiro canto. Depois me levou até o líder religioso da aldeia. Logo estávamos rodeados de moradores, que comentavam passagens dos cantos, numa reunião memorável de revivificação do mito. A singularidade de sua gente e de sua cultura foram um contraponto a meu olhar peregrino — de certo modo, nessa viagem, estrangeiro em sua própria terra.

Nessa "viagem de iniciação" — inspirada simbolicamente na busca da "terra sem mal", o paraíso mítico dos Guarani

— uma das coisas que mais me marcou foi presenciar a ligação sagrada dos índios com a palavra e com natureza. Mas
essa é uma longa e trágica história.

Roça barroca é um projeto totalmente autoral. Vejo-me,
nesse livro, essencialmente como poeta. *Roça barroca* é um
livro de poesia que valoriza a incorporação do acervo cultural ameríndio ao patrimônio literário brasileiro. Como
venho construindo minha obra tendo como paradigma certos contextos culturais, ela encontra eco na "poética mestiça" de que fala Cecília Vicuña em *The Oxford Book of Latin
American Poetry* (Nova York, Oxford University Press, 2009.
Org. Ernesto Livon-Grosman e Cecilia Vicuña), antologia da
qual participo. Procuro, nesse trabalho, uma voz que pulse
entre a dicção culta e a popular. Busco o ponto de inflexão
em que várias perspectivas e linguagens, aqui assumidas
como vozes poéticas dialogantes, sintetizam-se em cruzamentos híbridos. Aqui a prospecção poética abre-se ao livre
entrecruzamento do mito, das narrativas, da memória, das
dispersões, e os poemas procuram dialogar com a sofisticada trama sonora dos cantos indígenas, no umbral em que
arcaico e moderno se encontram. Como costumo pensar,
é um pequeno gesto para aproximar nossa poesia da poesia ameríndia, um solo onde essas "línguas" e " linguagens"
dialogam. Enfim, como eu disse em carta ao antropólogo
Bartomeu Melià: "Espero com esse trabalho ter contribuído
para revelar — para os brasileiros e leitores da língua portuguesa –, um pouco da riqueza ancestral da cultura guarani
e de suas 'oraturas' sagradas". (Agora temos também, ainda
inédita, a magnífica versão para o inglês do livro integral, feita por Chris Daniels, que gostaríamos de publicar nos Estados Unidos.) E como uma exegese dos cantos e sua tradução
para o espanhol já havia sido feita pioneira e brilhantemen

te por León Cadogan e Melià, nesse meu trabalho tentei trabalhar mais detidamente com os elementos propriamente poéticos dos cantos. Cotejada com a versão para o espanhol, minha tradução apresenta principalmente variações oriundas de um partido tradutório que prezou a materialidade quase ideogramática da língua indígena, em vez de acatar a opção por vezes parafrástica do castelhano. O cuidado com a forma transformou-se, então, num exercício escritural em que tentei infundir no português um pouco do "sussurro ancestral" da língua guarani.

Uma leitura de meu trabalho que diz muito do que busco em minha poesia foi feita por Malcolm K. McNee em seu *The environmental imaginary in Brazilian poetry and art*. Transcrevo aqui um breve trecho do livro:

> O imaginário ambiental em *Roça barroca*, o livro essencialmente híbrido de Josely Vianna Baptista, traça pontes com um lirismo sensual, territorial e tópico, o engajamento político e o conceitual. Os poemas são compostos pela percepção individual e pela observação da terra em seus diferentes estados de cultivo (incluindo aqui cultivo como fonte de metáfora e significado) e em sua beleza dinâmica: "viu o primeiro sol / depois do inverno / desembrulhar, folho por / folho, os rebentos"; ou "soltas/ do caule/ as pétalas/ do ipê/ descolorem/ a penugem/ dos talos".
>
> O livro possui como base histórica a transfiguração poética dos legados tex-

tuais e discursivos do período colonial e das mitopoéticas Mbyá. Conceitualmente, dá voz à procura cada vez mais urgente por um cultivo de cosmovisões com as quais possamos imaginar respostas para a crise ambiental e a degradação em escala local e planetária. O envolvimento de Josely com os cantos cosmogônicos dos Mbyá os coloca como parte de uma poética da contraconquista, não apenas no sentido de uma poética de resistência à conquista colonial de povos e territórios, mas também como uma cosmovisão que é contrária à de conquista e controle, que tanto figurou como a concepção da natureza na modernidade.

OS PRIMITIVOS RITOS DO COLIBRI

1 Nosso primeiro Pai, sumo, supremo
 a sós foi desdobrando a si mesmo
 do caos obscuro do começo.

2 As celestes plantas dos pés,
 o breve arco do assento,
 a sós foi desdobrando, ereto,
 do caos obscuro do começo.

3 O lume de seus olhos-de-céu,
 os divinos ouvidos,
 as palmas celestes arvorando o cetro,
 as mãos celestes com os brotos floridos
 abriu Ñamanduî, desabrochando
 do caos obscuro do começo.

4 Sobre a fronte do deus
 as flores do cocar
 – olhos de orvalho.
 Entre as corolas do cocar sagrado
 o Colibri, pássaro original,
 pairava, esvoaçante.

5 Nosso primeiro Pai
 foi seu corpo divino desdobrando
 em meio aos ventos primitivos:
 ainda sem ter lume de seu leito terreno,
 ainda sem ter lume
 de seus futuros Céu e Terra
 – que eram desde a origem —

cobria-lhe a boca de rocio o Colibri;
o Colibri lhe dava alento
com alimentos do céu.

6   Nosso pai Ñamandu, o primeiro,
antes de desdobrar de si seu céu
não se viu entre a treva,
ainda que o sol não existisse.
A luz de seu próprio coração o revelava;
seu sol era
o saber contido em seu ser-de-céu.

7   Ñamandu, nosso Pai verdadeiro, o primeiro,
vivia entre o longínquo vento sul,
e onde fazia pouso para o repouso
ia a Coruja urdindo o lusco-fusco:
seus pios, no escuro — augúrios
do tenebroso leito.

8   Ñamandu, nosso primeiro, verdadeiro Pai,
antes de ir desdobrando seu futuro céu,
antes de ir desdobrando a primeira Terra,
já existia entre o sombrio vento sul:
esse vento primeiro em que Nosso Pai viveu
sempre vem outra vez
no fim do inverno,
antes que o inverno reviva seus renovos.
O inverno fenesce,
o ipê floresce,
os ventos migram para o tempo novo:
e vêm os ventos novos, a primavera,
a rediviva primavera.

CANTO DE CAÇA BORORO

Sérgio Medeiros

Quando visitou o Centro-Oeste, em 1935, o antropólogo Claude Lévi-Strauss considerou os bororos "os maiores e os mais bem feitos índios do Brasil". Nos anos 1990 (isto é, sessenta anos depois da viagem de Lévi-Strauss), tive o prazer de visitar algumas aldeias bororos, no estado de Mato Grosso. Numa reportagem que publiquei no jornal O Estado de S. Paulo, em 13 de setembro de 1993, descrevi os bororos do final do milênio como índios baixinhos e de aspecto miserável, que se confundiam facilmente com os caboclos do leste do Mato Grosso, onde há um século vivem sob a tutela de missionários salesianos, grandes estudiosos da cultura indígena. Conclusão possível: a sociedade bororo não resistiu ao processo de aculturação e se desintegrou. Logo ela, a mais admirada e estudada de todas as sociedades indígenas sul--americanas.

Porém, não é bem assim. Segundo a antropóloga Sylvia Caiuby Novaes, professora da USP, a sociedade bororo está "extinta" apenas nas páginas dos estudos antropológicos escritos nos anos 1960 e 1970, quando os autores adotaram uma "visão catastrófica" e decretaram a "decadência iminente" da tribo, o que não se verificou. O livro Jogo de espelhos (Edusp, 1993), de Novaes, que motivou minha visita aos bororos, é um verdadeiro libelo contra a idealização rígida e estanque dos povos indígenas do Brasil e, particularmente, da cultura bororo, a mais "maltratada" pelos estudiosos. "Para a sociedade indígena [defende a antropóloga] o grande paradoxo é a necessidade de mudança como única possibilidade de permanecer a mesma."

Ao chegar à aldeia de Garças, na Reserva Meruri, a quatrocentos quilômetros de Cuiabá, deparei-me com esta situação, que descrevi na reportagem para o jornal: as crianças não falavam mais a língua indígena, mas a compreendiam, pois em casa os pais se dirigiam a elas em bororo. "A língua bororo é mais difícil do que a língua portuguesa", explicou-me Laércio Santana, 12 anos, que frequentava a escola da Missão Salesiana, onde, segundo averiguei, estudavam cerca de 120 índios. "Mas é porque perdemos a nossa cultura." Essa opinião sombria era compartilhada por um dos líderes dos bororos, o sábio Canajó, 75 anos, considerado um grande conhecedor das tradições da tribo: "Bororo mesmo acabou, as criancinhas não sabem mais a nossa língua. Não dizem iógwa e imuga, mas papai e mamãe."

Contudo, os novos antropólogos e os educadores salesianos acreditam que a cultura bororo esteja renascendo. Talvez hoje, no século XXI, ela possa outra vez ser autônoma e falar seu próprio idioma. Os fascinantes paríkos, cocares sagrados, continuarão a ser usados pelos dançarinos durante os longos funerais bororos. Na Reserva Meruri, a caça se tornará, porém, cada vez mais rara, com o agravante de que continuará cobiçada pelos seus inimigos tradicionais, os xavantes, que vivem ao lado dos bororos, na Reserva São Marcos, e ateiam fogo ao cerrado para afugentar animais como emas e porcos selvagens. Os cantos de caça e de pesca dos bororos estão, felizmente, imortalizados na importante Enciclopédia bororo.

Obra monumental, assinada por dois missionários salesianos, César Albisetti e Ângelo Jayme Venturelli, o primeiro volume da Enciclopédia bororo (1047 páginas) foi publicado em 1962, pelo Museu Regional Dom Bosco, de Campo Grande (MS); o segundo volume (1269 páginas) foi lançado em 1969, com apresentação de Egon Schaden, e o terceiro e último (277 páginas), com apresentação de Claude Lévi-Strauss, saiu em 1976. Esse último volume é inteiramente dedicado aos cantos bororos. Os textos são apresentados em bororo nas páginas pares, acompanhados de tradução literal que visa reproduzir o significado de cada palavra individualmente. Nas páginas ímpares, os autores oferecem um texto mais legível e fluente, em português, mas dificilmente essa tentativa faz jus à "arte poética" dos bororos. Pelo contrário, as soluções buscadas pelos tradutores visam apenas facilitar a leitura, sem recuperar ou recriar a "beleza" do canto, embora a palavra iakómea, um tipo de colar de plumas coloridas, apareça frequentemente nos versos, remetendo ao exigente padrão de beleza que os bororos almejam alcançar também nos cantos.

Proponho a seguir, numa versão que procura atingir outro acabamento literário, uma recriação pessoal de fragmentos de um canto bororo. Reconheço que não pude traduzir o variado vocabulário bororo, em especial a minuciosa enumeração dos diversos gaviões. Meu ponto de partida é a versão "rústica" de César Albisetti e Ângelo Jayme Venturelli. Os cantos de caça e de pesca, convém lembrar, são entoados sempre na choupana central, na noite que precede uma caçada ou uma pescaria coletivas. Dessa cerimônia participam as mulheres da aldeia, que são então autorizadas a entrar na casa dos homens para louvar a beleza dos animais. Cada canto tem um chefe, o qual é, segundo os autores da Enciclopédia bororo, o indivíduo que inicia e guia o ritual, postando-se de pé e marcando o ritmo com um par de pequenos maracás. Outros índios reforçam o ritmo com um tamboril e instrumentos de sopro.

CANTO DE CAÇA ÀS ANTAS

Voz dos caçadores:

Que lindas as antas!
Que lindas patas!
Que lindos quartos!
Que linda fronte!
Que lindo dorso!
Que lindas unhas!
Que lindo peito!
Que lindos lábios!
Que linda orelha!
Que linda cabeça de anta!

[...]

Viva! Olá, antas, chegamos.
Viva! Olá, grande anta, chegamos.
Viva! Olá, dona anta, chegamos.
Viva! Olá, seu anta, chegamos.
Viva! Olá, cria que mama, chegamos.
Viva! Olá, grande anta, chegamos.
Viva! Olá, cria a bradar, chegamos.
Viva! Olá, antas juntinhas, chegamos.

[...]

Voz das antas:

Sou a anta: meu choro está nas cores do caçador.
Sou a anta: meu choro está no enfeite do caçador.
Sou a anta: meu choro está nas cores vermelhas do caçador.
Sou a anta: meu choro está na branca penugem do caçador.
Sou a anta: meu choro está nas penas do caçador.
Sou a anta: meu choro está no colar do caçador.
Sou a anta: meu choro está na coroa do caçador.
Sou a anta: meu choro está nos cabelos presos do caçador.

As flechas dele são tão belas como um dourado.
As flechas dele são tão belas como uma flor.
As flechas dele são tão belas como uma arara.
As flechas dele são tão belas como um gavião.
As flechas dele são tão belas como um gavião.
As fechas dele são tão belas como um gavião.
As flechas dele são tão fatais como uma cascavel.
As flechas dele são tão belas como um gavião.

[...]

Voz dos caçadores:

Anta, anta, fui eu que te fiz isso.
Anta, grande anta, fui eu que te fiz isso.
Anta, dona anta, fui eu que te fiz isso.
Anta, seu anta, fui eu que te fiz isso.
Anta, cria que mama, fui eu que te fiz isso.
Antas, antas juntinhas, sim, fui eu que fiz.

Antas, antas a caminho, sim, fui eu que fiz.

Anta, dona anta, que bela é tua coroa de gavião!
Anta, dona anta, que bela é tua coroa de gavião!
Anta, dona anta, que bela é tua coroa de penas!
Anta, dona anta, que belo é teu colar de plumas!
Anta, dona anta, que bela é tua pintura de barro claro!
Anta, dona anta, que belo é teu chocalho na canela!

[...]

Mexendo os pés é como voltamos para casa com nossos arcos. U-uu.
Mexendo as coxas é como voltamos para casa com nossos arcos. U-uu.
Mexendo as mãos é como voltamos para casa com nossos arcos. U-uu.
Mexendo a cabeça é como voltamos para casa com nossos arcos. U-uu, u-uu.

OS RELATOS DO CAMINHO-MORTE: ETNOGRAFIA E TRADUÇÃO

Pedro de Niemeter Cesarino

TRADUÇÃO POÉTICA E TRADUÇÃO CONCEITUAL

O estudo de produções de sentido distintas da cultura ocidental costuma oferecer desafios permanentes aos nossos parâmetros de pensamento. Tais desafios criam uma instabilidade epistemológica característica de certo trabalho de tradução, aquele que busca associar a diferença de regimes de signos à diferença de estados de coisas. Foi o interesse por essa associação, determinante para a compreensão de poéticas alheias ou anteriores à trajetória da filosofia ocidental, que terminou por me levar à etnologia americanista. Eu estava no final da graduação em Filosofia na Universidade de São Paulo quando conheci o artigo "Vingança e temporalidade: os Tupinambá", escrito por Manuela Carneiro da Cunha e Eduardo Viveiros de Castro, uma reflexão radical sobre a alteridade conceitual envolvida na antropofagia tupi. Passei a ler todos os trabalhos de etnologia ao meu alcance e enveredei na direção dos pensamentos ameríndios e suas tradições orais. Essas e outras leituras de diversos outros estudos dedicados aos limites da *episteme* moderna mostravam, assim, que a compreensão das especificidades de tradições orais ameríndias (e de seus critérios de pensamento) não estaria apenas na capacidade de comunicação entre línguas tão distintas entre si como o português e o bororo, mas também, e mais fundamentalmente, na passagem entre distintos regimes ontológicos. Algo indissociável, portanto, de problemas mais amplos de tradução conceitual tão conhecidos pelos etnólogos que se veem às voltas com palavras-conceito tais "corpo", "alma", "substância", "indivíduo" ou "energia". Isso não chega a ser surpreendente para filósofos preocupados com a tradução de fragmentos de Heráclito ou de Anaximandro. Entretanto, o problema ganha outra complexidade quando tratamos de línguas e formas de pensamento apartadas da tradição ocidental e de seus primórdios. Na seguinte passagem, Viveiros de Castro (2007) sintetiza bem um desdobramento do problema em questão, que ainda deverá permanecer de pé por um bom tempo:

> *A questão do sentido inteiramente diverso que assume a enunciação mítica quando saímos do mundo pré-filosófico dos "Mestres da Verdade" e seu regime monárquico de enunciação, mundo "clássico" do helenista, do historiador da filosofia, para entrar no mundo extra-filosófico das "sociedades contra o Estado", mundo do pensamento selvagem, da alteridade antropológica*

Tal registro, distinto da palavra mítica pré-filosófica, indica uma outra configuração de mundo e seus consequentes reflexos nas formas de elaboração poética da linguagem. Não por acaso, em seu estudo sobre os Araweté, Viveiros de Castro havia observado a existência de uma articulação entre a estrutura enunciativa polifônica de cantos xamanísticos e a composição da pessoa, cindida em aspectos diversos que costumam ser traduzidos por corpo, alma, duplo ou princípio vital. Tal articulação permitia entender a propensão xamanística para a alteridade e, dessa forma, de sua diferença radical com relação às metafísicas do sujeito autocentrado.[1] Marcada pela sobreposição às vozes de mortos, espíritos e demais agentes que povoam os mundos indígenas, a palavra xamanística se transforma em um evento por meio do qual o conhecimento é familiarizado por uma determinada rede de parentesco. Não por acaso, a relação da composição da pessoa com os modos de enunciação, associada a diversas outras características das cosmologias indígenas, levou Viveiros de Castro a sistematizar sua teoria etnográfica do perspectivismo. Em continuidade com o trabalho realizado por Lévi-Strauss nas *Mythologiques*, o perspectivismo conseguia oferecer uma potente reflexão tradutória sobre o pensamento indígena, mediante um exame cuidadoso de pilares da *episteme* ocidental que costumam ser projetados inadvertidamente sobre outrem (tais como os derivados das relações entre interior e exterior, mente e mundo, natureza e cultura, entre outras).

Não era, no entanto, exatamente essa preocupação que eu encontrava em outras antologias de traduções de cantos e narrativas indígenas. Muitas delas — tais como as coletâneas de textos de povos norteamericanos realizadas por Jerome Rothenberg (1972) e os experimentos de Herberto Helder (1997) — traziam tentativas interessantes de reescrita ou de tradução literárias, porém distantes da reflexão sobre as configurações ontológicas indissociáveis das poéticas ali traduzidas.[2] Parecia ser necessário explorar a influência de tais configurações na passagem entre léxicos conceituais distintos, tão eloquente quando se trata de traduzir termos de uma determinada língua ameríndia por outros tais como "sagrado", "criação", "divindade" ou "natureza", que se infiltram de modo nem sempre controlado nos textos escritos. Outras diversas antologias, em geral publicadas por etnólogos, não apenas costumam carecer de cuidado com tais complexidades lexicais, mas também com a transposição das qualidades poéticas de *performances* orais para o papel, que terminam empobrecidas pelo recurso indiscriminado à prosa corrida.[3] O campo assim pedia (e ainda pede) por uma perspectiva integrada, que leve em consideração os diversos níveis do que se entende por tradução e pela tarefa do tradutor/pesquisador.

Essa integração se mostrava mais presente no trabalho de uma geração de etnólogos-linguistas que conjuga experiência de pesquisa de campo com conhecimento das línguas, de suas complexidades etnológicas e de suas qualidades expressivas, entre os quais se destacam Dennis Tedlock, Dell Hymes, Ellen Basso, Joel Sherzer, Bruna Franchetto, Greg Urban e outros. Tedlock, por exemplo, se vale das reflexões e experimentações do verso realizadas pelo poeta Charles Olson para transformar a tradução das artes ameríndias da palavra. Ao aproximá-la da poesia dramática, o autor descartava a redução à prosa linear e o menosprezo pelo estilo que haviam marcado a tradição etnográfica norte-americana de Franz Boas e abria, assim, outro caminho para a reinvenção escrita dos paralelismos, da altura, das pausas e dos silêncios. Tedlock inventava uma notação tipográfica específica caracterizada pelo uso de quebra de linhas, de traços longos ou breves, da variação de caixa alta e baixa e da introdução de pontos. Seu trabalho com as narrativas zuni e com o grande poema de surgimento do mundo dos Maya-Quiché, o *Popol Vuh* (aliás recentemente traduzido para o português por Gordon Brotherston e Sérgio Medeiros), abria assim caminhos importantes para a referida associação entre o estudo de categorias de pensamento e o exercício da tradução criativa (Tedlock, 1983).[4]

TRADUÇÕES DAS ARTES VERBAIS MARUBO

Inspirado por tais questões, fui trabalhar com os Marubo do alto Rio Ituí (Vale do Javari, Amazonas), onde vivi por cerca de 14 meses distribuídos entre 2004 e 2007. Passei a estudar o pouco que havia disponível sobre a língua marubo (uma dissertação de mestrado e uma tese de doutorado realizadas por uma linguista do Museu Nacional, mais outras pequenas listas de palavras e frases coletadas por missionários), bem como trabalhos mais completos dedicados a outras línguas da família pano (em especial ao shipibo-conibo, kaxinawá, shara- nawa e mayoruna). A etnografia e a tradução das artes verbais marubo deveria partir da predisposição, do interesse e do consentimento de meus anfitriões, em cujas escolas eu dava aulas e acompanhava o trabalho dos professores indígenas.[5] Foi com alguns professores das aldeias do alto Ituí que iniciei o trabalho de transcrição e tradução. Sentado ao lado de meus intelocutores, eu copiava a mão, em páginas e páginas de diversos cadernos, as transcrições realizadas por eles próprios a partir das gravações que eu recolhia (a língua marubo possui uma escrita gráfica criada pelos missionários, que lá vivem desde a década de 1950). Conforme minha compreensão melhorava, passei também a realizar transcrições por conta própria, mas sempre aperfeiçoadas pelas revisões de falantes nativos. Ao longo do tempo em que vivi com os Marubo, minha pesquisa não apenas passava a ser autorizada pelos cantadores e demais colaboradores, como, também, a fazer algum sentido para eles próprios. Por coincidência, trabalhei com um povo que partilhava de meu interesse pela linguagem poética, já que a palavra elaborada é central para o seu *ethos* intelectual e cosmopolítico. Aos poucos, tornei-me familiar às rodas noturnas de conversa e de cantos, nas quais grandes doses de rapé e de *ayahuasca* costumam ser ingeridas, não raro na presença de espíritos e pessoas outras que se manifestam através dos corpos dos pajés (*romeya*). Esse processo de familiarização envolve, também, a constituição de uma intensa troca intelectual, inseparável da imersão na vida ritual e tão bem caracterizada por eles pela expressão "ligar pensamento" (*chinã ãtinãnãi*). Era assim que o aprendizado de cantos se enraizava na minha própria experiência corporal, uma base para que fosse possível imaginar os contornos de suas versões reinventadas em português.

Os Marubo possuem uma vasta, complexa e ativa tradição oral, distribuída em gêneros diversos (tais como as narrativas míticas cantadas, os cantos de cura, os cantos de espíritos, os diálogos cerimoniais, as falas de ensinamento e outros), que são dominados por pajés (ou xamãs) especializados. O repertório de cantos se baseia em um sistema de fórmulas poéticas bastante rigoroso e de estrutura fechada, mas com certa abertura para inovações. Tal sistema é repleto de metáforas especiais, de sobrevivências da língua dos antepassados, de ironias, de alusões a situações obscuras, de referências condensadas a episódios míticos e etiologias diversas, de expressões específicas das línguas dos espíritos e do sistema de cura, entre outras características que tornam muitos dos cantos incompreensíveis mesmo a um marubo não iniciado na erudição verbal. Por essas razões, foi necessário constituir uma equipe mais especializada, em geral formada pelo pajé mais velho autor do canto a ser traduzido e por Robson Dionísio Marubo, que acumula os papéis de professor e de pajé. Ele se destaca como uma importante liderança ritual e intelectual por conta dessa sua capacidade de realizar as conexões entre mundos que estão em jogo tanto em suas atividades xamanísticas quanto no trabalho de tradução (o próprio xamanismo, vai sem dizer, pode também ser concebido como uma espécie de teoria local da tradução). Por ser também um bom falante de português, eu conseguia aos poucos fazer que Robson adquirisse uma certa consciência linguística para me auxiliar na identificação (mesmo que incompleta) de partículas da língua, indispensável para a compreensão das transcrições. Ainda assim, uma gramática exaustiva do marubo não seria suficiente para desvelar diversos detalhes esotéricos das artes verbais, conhecidos apenas por poucos mestres da palavra tais como Robson e outros pajés mais velhos. Nem para resolver os desafios da recriação poética. É o que se pode ver nesse trecho de abertura da longa narrativa mítica cantada de surgimento dos antepassados, o *Wenía saiti*, cuja tradução integral permanece inédita:

1. *Vari awá chinãki*   Vida de anta-sol
Vari mai paroke   No canto da terra-sol
Vari shõpa weki   Vento de lírio-sol
We sheamashõta   Ao vento se soma
5. *Veõini otivo*   E ali assenta
Vari mai nãko   Néctar da terra-sol
Nãko osõatõsho   Dentro, no néctar
Wení katsi inã   Surgimento começa
Pinikia avai   E couro cansado
Vari shawã shakapa   De arara-sol
Mai marak ativo   Sempre sobre a terra
Mai raká rakai   Na terra retorce
A aki avai   E logo aquelas
Vari ima chiwãne   Pequenas formigas-sol
15. *Vari mai teorai*   Abaixo da terra-sol
Teorai kinisho   Abaixo buracos fazem [...]

Composto pelas fórmulas da "fala contada" (*yoã vana*), essa abertura do Wenía (cuja versão completa se estende por mais de dois mil versos) é toda formada por imagens veladas: "vida de anta-sol" (linha 1) é metáfora para o sêmen (ere) dos antepassados que, somado a um certo princípio vital feminino (poetizado pela fórmula "vento de lírio-sol", linha 3), vai se depositar nos úteros das mulheres primeiras, aí referidos como "canto da terra sol" (linha 2). Na sequência, a fórmula "néctar da terra-sol" (linha 6) se refere às mulheres antigas fecundadas (ou ao seu "óvulo", como tentava me explicar Robson Venãpa). Em seguida, "E couro cansado/ de arara-sol/ sempre sobre a terra" (linhas 10,11) é outra metáfora poética para a pele esticada dos ventres grávidos das mulheres e de seus bebês que ali dentro se revolvem. Daí em diante, um trajeto será percorrido até o lugar definitivo dos antepassados (pertencentes ao Povo Sol, que empresta este variador "sol" aos demais elementos mencionados no canto): a imagem é de formigas abrindo caminho pelas fendas subterrâneas — metáfora, desta vez, para o próprio parto. Um ouvinte desavisado poderia muito bem pensar que os antepassados surgiram de buracos na terra, quando, na realidade, o cantador segue aí toda uma ética da linguagem, indireta e poetizada, para se referir ao parto das mulheres antigas. Note, ainda, que os cantos saiti correspondem a uma execução cantadas de narrativas que poderiam também ser contadas: é para esta última opção que valeriam os critérios de tradução utilizados por Tedlock (a ênfase na ação e na qualidade dramática do evento narrativo, transcrita através de um repertório específico de notações). Nessas versões cantadas (únicas, ao que tudo indica, na paisagem amazônica), as narrativas marubo se desenvolvem porém em longas sequências de versos, passam a seguir a uma métrica rigorosa e um padrão rítmico fixo, além de serem acompanhadas por frases melódicas características de cada episódio que se repetem em ciclos breves do começo ao fim da execução. Não há aí espaço para a gestualidade, as variações de pausas, as imitações e improvisos cênicos que costumam caracterizar as narrações (contadas). Daí a solução acima adotada, cuja estrutura sequencial visa recriar o ritmo reiterativo, quase hipnótico, dado pela longa sucessão de versos (quebrados de acordo com a métrica do original) e sua condensação imagética.[6]

A colaboração de interlocutores privilegiados capazes de deslindar os meandros metafóricos dos cantos marubo precisava, porém, se somar à atenção constante para os dilemas de tradução conceitual: *nãko*, termo acima recriado por mim como "néctar", é uma daquelas noções que ficam melhores nos textos etnográficos se deixadas escritas na língua original, a fim de resguardar sua complexidade de alguma solução apressada. O termo se refere a certas seivas vegetais adocicadas apreciadas pelos viventes, a um hiper-alimento consumido pelos espíritos (uma espécie de fruto que, quando ingerido, sacia completamente) e, por fim, a princípios de surgimento de grande variabilidade (sexuados, como no caso acima, misteriosos em outros nos quais uma gênese sexuada não está em jogo, tal como na cena inicial de surgimento do mundo[7]). Meu interlocutor, que tem alguma familiaridade com o conhecimento formal escolar, decide traduzi-lo como "óvulo". Cabe a mim distinguir seu uso do termo de nossa associação aos pressupostos de pensamento da genética moderna, distinta das formas ameríndias de reflexão sobre a gestação. Cada vez mais frequente pelos mediadores indígenas, esse uso de termos ocidentais gera outras complexidades para o antropólogo que se vê às voltas com processos similares de apropriação e ressiginificação conceitual, capazes de gerar processos de equivocidade tradutória característicos da interface entre dois jogos de linguagem.[8]

Mas o que dizer da tradução poética propriamente dita, aquela que cabe a mim, que escrevo e penso na língua de destino? Na versão portuguesa do poema, deixar um termo como *nãko* em sua grafia original não me pareceria uma boa solução. Daí a sua reinvenção como "néctar", termo que remete a uma constelação de significados razoavelmente análoga em outras imaginações mitopoéticas. Ademais, não se trata de uma tradução objetiva a ser cotejada com o texto original segmentado, algo certamente fundamental para as primeiras etapas de trabalho. Mesmo que bastante próximo do original em marubo, o texto em português acima apre-

sentado (entre outros que tenho publicado) é uma recriação poética. Ela pretende com isso reinventar na escrita a
elaboração verbal presente no canto; busca estabelecer no
português algo do registro paratático original, que tenderia
a desaparecer na escrita em prosa linear. Daí o uso parci-
monioso da pontuação, das preposições e dos artigos para
destacar os núcleos imagéticos, os paralelismos e o fluxo
rítmico. Tanto melhor se, no final, o texto causar estranhamento, pois é esse o registro dessa poética tornada acessível
pela reinvenção criativa. Desde que ele seja capaz de levar o
leitor a percorrer o sentido de tal estranheza, alguma tarefa
estará cumprida.

Para Henri Meschonnic (2010, p.57), é essa implicação
mútua de problemas explorados por distintas áreas do conhecimento (os problemas da literatura, da língua e da sociedade) que constrói uma poética e as possibilidades de
sua recriação tradutória. Tento explorar tal conjugação de
perspectivas em *Onkisa — poética do xamanismo na Amazônia* (Perspectiva, 2011), um estudo derivado de minha
tese de doutorado que, por meio de traduções diversas de
cantos, depoimentos e narrativas, trata da relação da pessoa com a doença, a morte e a transformação. Dedico ainda
uma outra publicação mais recente (*Quando terra deixou de
falar — cantos da mitologia marubo*, Ed. 34, 2013) ao estudo
e tradução das narrativas cantadas desse povo. As duas publicações trazem à tona diversos textos que poderiam muito
bem figurar no conjunto de referências indispensáveis para
o estudo de poéticas orais, a despeito de minhas soluções
particulares como tradutor e etnólogo. Entre eles, desta-
ca-se "A Fala da Terra-Névoa" (*Koi Mai vana*), longo canto
dedicado à cena de formação do mundo, que se coloca em
pé de igualdade com o *Ayvu rapyta* dos Guarani e outras

narrativas ameríndias de surgimento ainda desconhecidas. Vale também lembrar do *Vaká yonoa*, belo canto destinado a conduzir os duplos dos mortos em sua trajetória póstuma, uma espécie de versão amazônica do famoso *Livro dos Mortos Tibetano*. Somadas às contribuições produzidas recentemente por outros colegas, tais estudos devem encaminhar uma abertura dos pensamentos poéticos ameríndios para outras conexões imaginativas, a fim de superar a defasagem moral e intelectual que ainda vigora por aqui.

NARRAÇÃO E EXPERIÊNCIA

Eu dizia antes que a elaboração da palavra é central para os Marubo. De fato, o aprendizado das artes verbais está no cerne da formação da pessoa e se conquista mediante árduos treinamentos rituais. Seus empregos diversos devem fazer que alguém — em especial um homem maduro — seja capaz ao menos de curar sua família no caso de doenças cotidianas e, também, de conhecer os aspectos essenciais das narrativas míticas que fundamentam a cosmologia marubo. Um dos vínculos da pessoa com a cosmologia está no problema da morte e do destino póstumo. Composta por aspectos tais como o suporte corporal (*shaká*) e uma configuração de duplos (*vaká*) que tendem a se projetar para o exterior na morte e em momentos de crise, a pessoa depende do conhecimento verbal para garantir o seu bem-estar em vida e o sucesso de seu destino póstumo. É sobre essa condição que o pajé Armando Cherõpapa discorre no depoimento aqui traduzido. Ao se tornar "mestre de palavras" (*vana ivo*), espera-se que um determinado indivíduo seja capaz de compreender os processos de formação de agentes como mortos e espíritos, além de paisagens remotas tais como o terrível

Caminho-Morte (*Vei Vai*), que deverá ser atravessado na hora da partida final.

O caráter propriamente tradutório do xamanismo marubo reside, pois, nessa capacidade de transporte entre conhecimentos e referências inacessíveis à experiência ordinária dos viventes. Para isso, é necessária a articulação dos dois tipos de xamãs (ou pajés) ali atuantes, os *kechitxo* e os *romeya*. A diferença entre os dois especialistas reside, fundamentalmente, no contraste entre experiência e mediação. De um lado, encontramos o saber transmitido por meio de uma cadeia de narrativas vinculada a alguma fonte de autoridade (o conhecimento dos antigos), de outro, aquele adquirido imediatamente pela pessoa. Xamãs *romeya* são caracterizados por esse acesso direto às referências outras; validam assim seus discursos por meio da experiência própria — sensorial, auditiva, visual — adquirida nos percursos realizados por seus duplos. Xamãs rezadores (os *kechítxo*, também chamados de *shõikiya*), por sua vez, devem fazer recurso à memória narrativa e à ação de espíritos auxiliares, já que seus duplos não saem voluntariamente de seus corpos. Armando Cherõpapa, chefe da comunidade Paraná (alto Ituí) com quem trabalhei intensamente ao longo de minha estada entre os Marubo, é simultaneamente um *romeya* (condição adquirida por nascimento, mas também por determinadas crises que terminam por transformar a pessoa) e um xamã rezador (especialidade passível de ser conquistada por treinamento e por rituais de iniciação, nos quais o aprendiz deve ganhar a aliança de seus espíritos auxiliares). Isso quer dizer que Armando possui acesso privilegiado às narrativas e seus ensinamentos, confirmados pelas experiências de seu próprio duplo que conhece as paisagens diversas do cosmos. É por isso que ele pode descrever e especular sobre o Caminho-

-Morte, que "ele" próprio (isto é, seu duplo), como me explicou, viu "voando no vento".

O depoimento a seguir traduzido é mais uma forma de expressão poética das artes da palavra marubo. Armando aí articula ensinamento (um gênero oral chamado de *ese vana*, "fala de ensinamento" ou "fala respeitosa") e narrativa (*yoã vana*, "fala contada"); faz que a reflexão se transforme em uma conversa-poema marcada por um ritmo próprio, pelo paralelismo e pelo uso de fórmulas verbais. Observe como a composição visual (central para o pensamento narrativo) aí se faz também presente, já que se busca apresentar ao ouvinte uma espécie de imagem panorâmica condensada do Caminho-Morte. Suas etapas são mencionadas de modo correspondente aos cantos rituais que tratam da formação de tal caminho (o canto *Vei Vai Toiya*) e da condução dos duplos através de tal trajeto (o canto *Vaká Tonoa*), ambos traduzidos por mim em *Oniska — poética do xamanismo na Amazônia*. As quebras de linhas aqui adotadas pretendem tornar visível algo da composição paralelística do original, bem como de sua dramaticidade tão bem destacadas por Tedlock. Ainda assim, escolho por uma escrita mais simples do texto recriado em português e não adoto outras formas de notação gráfica propostas por tal autor, na esperança de que o fluxo de leitura seja suficiente para remeter a alguma experiência do ritmo. Como tratamos aqui de uma conversa narrativa produzida no contexto de um diálogo reflexivo, marcada por um uso mais exuberante de recursos da linguagem (tais como marcadores de tempo, de aspecto, evidenciais, dêiticos, conectivos e onomatopeias, entre outros), não faz sentido optar pela concisão de versos ou pela economia geral da pontuação a que recorro quando se trata de traduzir cantos, caracterizados por uma condensação, uma métrica e composição rítmica próprias. Vale, por fim, observar que editei o depoimento em algumas seções, marcadas por subtítulos, que pretendem indicar os seus movimentos principais.

OS RELATOS DO CAMINHO-MORTE

*(por Armando Cherõpapa,
tradução de Pedro Cesarino)*[10]

A história de Vei Maya

Txotxo Koro shavo, winin aka shavo,
Mulheres-pássaro, as mulheres sedutoras,
atisho vei ooki, vei oo atisho.
aquelas que soltaram o grito-morte,
       aquelas do grito-morte.
Aivo askasevi, Vei Maya askasevi,
Esta também, Maya-Morte também,
Vei Maya vei mai nakosh wenimarvi, shavo wetsa.
Maya-Morte não surgiu do néctar da terra-morte,
       é outra mulher.[11]
Aska aki,_ aska aki,_ isi_ aki ,
Fazendo assim, fazendo assim, fazendo forte,
aska aki_ isi_ aki_, rishkikina.
fazendo assim, fazendo forte, [o marido] ia mesmo
       espancando.[12]
*Awe_ amai_no wetsarotse_ a venemesh merasho
       rishkiti tenai.*
E assim fazendo, a outra mulher que ele também
       havia encontrado acabou por falecer.
Askamai wetsarotse_, wetsa westi tsaokeaivorotse_,
E a outra, aquela que ficou sozinha sentada,
aro awe_ vene rishkia.
o marido nela bateu.
Awe_ china naiai tsao,
Ficou sentada com o pensamento entristecido,

vei ari kenai, vei ari kenai.
pela morte sozinha chamava, pela morte sozinha chamava.
Vei Mayana.
É Maya-Morte.
Aivo vei ari kenaiti.
A que há tempos pela morte chamava.
Aska aki serotse_ ari iniki vanai.
Assim mesmo chamando, ela sozinha cantofalava.
Ronorasi_ kenaiti,
Chamava pelas cobras,
vanavanakwai avai kayakaisho,
falando e falando foi saindo,
kaya nachima.
foi banhar no rio.
A nachia tsaosmais, a rono ano rakakawas nachai.
Enquanto sentava-se para banhar, uma cobra que ali ficava
         a mordeu.
Tenaseiti.
Morreu mesmo há muito tempo.
Aska akaivo vosho,
E assim então ela chegou,
Shono Yove Nawavo pakeivo paraiki vosho.
no Povo-Espírito da Samaúma ela terminou por chegar.[13]
Anosho chinai,
E chegando lá pensou,
ato chinamaki_,
foi pensando,
ato chinamaki_.
foi pensando.
"Ramaro noke_ china naiai no neskai,
"Agora que estamos com o pensamento entristecido,
noke neska akavo noke.

agora vamos fazer assim.

Txipo shava otapa roai askatanivai ari shavamisvo.

A época que virá vamos transformar para que

os outros sofram.

Vei Vai arina shovimaki !

Vamos, façam logo o Caminho-Morte!

Vei Vai arina shovimaki !", ikiti.

Façam logo o Caminho-Morte!", disse ela há muito tempo.

Askaka akatosh tanamakinanai.

Assim tendo mandado eles entre si tudo combinaram.

Chai Yove Nawavo,

Povo-Espírito da Envireira,

Shono Yove Nawavo,

Povo-Espírito da Samaúma,

Tama Yove Nawavo,

Povo-Espírito das Árvores,

ati tanamakinanavaikis,

são estes os que entre si tudo combinaram,

awe_ vana anokis akavo

a ordem obedeceram e fizeram,

Vei Vai shovimaki_.

construíram o Caminho-Morte.

Atiaro yora veiya roase,

Naquela época as pessoas morriam tranquilas,

Vopitani tachikrase,

faleciam e já chegavam,

vopitani tachikraseika.

faleciam e já chegavam mesmo [na Morada Arbórea].

Akame_kirotse_ ato atovo

Assim era, mas ela ordenou e fizeram,

Vei Vai aska aki_ shovimai akavo.

construíram o Caminho-Morte.[14]

Shovo Yove Nawavo aska vei chinaya shokoma,
Povo-Espírito da Samaúma não vive assim
        com pensamento-morte,
Tama Yove Nawavo vei chinaya shokoma,
Povo-Espírito das Árvores não vive
        com pensamento-morte,
Chai Yove Nawavo vei chinaya shokoma.
Povo-Espírito da Envireira não vive
        com pensamento-morte.
Akame_ki_tse_ ato ato vanaka,
Assim mesmo são, mas ela os comandou,
chinamakinanavaikis akavo,
eles pensaram entre si e então fizeram,
a vai shovimakina.
construíram aquele caminho.[15]
Ato aska ati,
Assim há tempos fizeram,
ato aska atisho.
assim há tempos eles fizeram.
Aki_ vai roa aina, vai roakama,
Ajeitaram o caminho, caminho ruim,
anosh txipo kaniaivo askai shavano,
para que os depois nascidos padeçam,
txipo kaniaivo ano yostano.
Para que os depois nascidos sofram.

II. A travessia

Wetsaro vei ikitai,
Um já está morrido,
wetsaro vei ikitai,
outro já está morrido,[16]

Wetsaro vei matsa pakei,

Outro caiu no lamaçal-morte,

wetsaro vimi noiaivo,

outro gosta de fruta,

awe_ vimi amai_no anosho atxitai.

vai comer a fruta e ali mesmo fica preso.

Aka akarasi_ aska ato veikase aya.

Assim são mesmo aqueles que vão ficando morridos.

Askamai yora ese vanaya,

Mas as pessoas que têm falas sabidas,

yora vanaya,

as pessoas faladoras,

vana shatesmaivo yora,

as pessoas de fala firme,

karo aska.

estas são assim.

Aro na mai shavapasho nisho,

Estas, tendo vivido nesta terra,

wa shavo kai wetsa, wa shavo kai wetsa, wa shavo kai wetsa,
  akama.

com aquela mulher, com aquela mulher, com aquela
  mulher não ficaram saindo.

Mato ma ai_ via keska,

São como vocês e suas mulheres,

a westi verosho oi_a akaivo yoratse_ Vei Maya vei kati_pa,

estas pessoas que olham com um olho só Maya-Morte
  não pode matar,[17]

askarasi_ vei kati_pa.

pessoas assim não podem ficar morridas.

"Wa mai shavapasho, wa mai shavapasho,

"Na morada desta terra, na morada desta terra,

wa shavo kai wetsa, wa shavo kai wetsa,

com aquela mulher, com aquela mulher,

e_ ona yora, ona shavorasi_,

com gente conhecida, com mulheres conhecidas

aki ichna kwai e_ niamarivi.

eu não fiquei mesmo fazendo besteira.

E_ oi_tivoivo shavo ninivarash,

As mulheres que eram minhas,

aivo shavo oi_ inisho neskai,

por ter vivido apenas com elas é que fiquei assim,

vei kaya apai e_ neskamai_no.

por isso é que agora sou morto íntegro.

Mato neskanamash ea vei kati_pa ea."

Por isso vocês aqui não podem, não podem

     me matar."[18]

Ikito awe_ ese vanase ainai,

Assim ele vai então dizendo sua fala sabida,

awe_ ese vanase vevo asho kai.

tendo dito sua fala sabida ele avança

Katsese vana ikitai tapi,

Falando com tudo ele segue,

awa shao tapa vana ikitase,

com a ponte de osso de anta ele fala,

awa shao tapa masotanairi pao shokoarasi_ vana ikitase,

com as conchas cortantes da ponte de osso de anta ele fala,

vei yochi_rasi_ vana ainase,

com todos os espectros-morte ele fala,

vimirasi_ vana ainase,

com os frutos todos ele fala.[19]

wa mai shavapasho vimi ichnarasi_ osipa yaniaki niama,

"Naquela terra, não vivi me alimentando de ruins

     e fartos frutos.

Eri piti koi_ meramashorivi, ea ano yanini.

Eu mesmo procurava comida de verdade
          para me alimentar.
Aki ea ano, mato ea ma vei kati_pa.”
É assim que sou, vocês não podem me matar!”
A kaisa vanaina.
Assim ele segue falando.
Vei shoparasi_ askasevi,
Com os mamãos-morte também,
askarasi_ ave ke_vo ano ina askasevi,
com todas as coisas gostosas oferecidas também,
askasevi, askasevi vana akitasekai.
e também e também, com tudo ele vai mesmo falando.
Vana arasi_ nokorivi,
Falando com tudo ele chega mesmo,
ese vanase vevo oshokai nokorivi.
tendo antes falado sabiamente ele chega mesmo.
Askamai_no wetsaro, aivo awe_ ese vana keyonamasho,
Mas aquele outro, naquele lugar mesmo em que sua
          fala sabida acabou,
awe_ keyovaianamasho atxitase.
ali mesmo onde a fala foi acabando ele fica preso.
Noke_ shenirasi _ramama itivorasi_ askasevi
          veikenaivorasi_.
Os nossos antigos, os antepassados de outros tempos
          ficavam também morridos.
Rave nokoma, rave nokoma, Vei Nai Shavaya nokoma,
Uns não chegavam, uns não chegavam, na Morada
          do Céu-Morte não chegavam.
ravero nokoai, ravero nokoma, ravero nokoai.
Uns chegavam, uns não chegavam, outros chegavam.
Akarivi.
Assim mesmo é.

P: *Askamai_no vevotiaro roapa, yora veismarvira?*
Mas antes era melhor, as pessoas não morriam?
Ch:*Veiro veiyase, askame_kirotse_ arime_s veis meraiti,*
Morrer elas morriam, mas foi lá mesmo que passaram
        a ficar morridas,
arime_s vei meraiti.
foi lá mesmo que passaram a ficar morridas.
Txotxo koro shavo, pini raka shavo,
As mulheres-pássaro, as mulheres-cansaço deitadas,
atisho vei oo ati aro.
foram elas que fizeram há tempos o grito morte,
        foram elas.

III. O surgimento do Povo-Morte

Vopitani arime_s tachikarai
Tendo já morrido, ali mesmo [um homem] vinha
        voltando.[20]
Akame_ki rotse_ awe_ ai_ ravevaki_ki,
Assim mesmo acontecia, mas as suas duas mulheres,
askarotse_, naro vevoke, na txipoke,
esta, a mais velha, e esta, a mais nova,
na txipoketo a vene enemaitse_ a vene wetsa meraiti,
esta mais nova logo outro homem arranjou,
        tendo perdido seu marido.
Askamai narotse_ a vene manoyati.
A mais velha, porém, sem homem ficou.
Awe_ makika, awe_ mixpo tesovarasho waiki,
E tendo sido cremado, as suas cinzas trouxeram chorando,
awe_ vakerasi , a vakerasi_ oi_ waiki, a vene_ yora manoi.
os seus filhos, os seus filhos choravam e viam
        o corpo do homem desaparecer.[21]

*Askai awe_ tsaoiti naro, narotse_, arotse_*
Mas esta que ficou sentada, esta,
yora wetsa merasho,
esta encontrou outra pessoa,
ma ma veneyaiti.
estava agora casada.
Askash a vakerasi_ni, a vakerasi_,
Então os seus filhos todos, os seus filhos
shavo tekoi shokopato oi_a meraiva
iam juntos flechando calangos e o pai
       encontraram,[22]
awe_ tsao a meratina.
ali mesmo sentado eles o encontraram há tempos.
Meravaikistse_,
Encontraram e então...
"Ewa, wa papa tsaoa.
"Mãe, é o pai que está ali sentado.
Ewa, papa no merai ewa, iki.
Mãe, ô mãe, nós encontramos o pai!", dizem.
Askamai...
E ela então...
"Mato yoama, yoama."
"Vocês não mintam, não mintam!"
A imai_no kaki_ a oi_atse_,
E tendo dito, ela logo vai olhar.
anose, mosho txi_ti_ tsaoa.
Era verdade, era ele que estava ali sentado num tronco.
"A ase, ma veiyame_ki meraina."
"É mesmo verdade, você já está morto mas vai
       aparecendo."
Aska askame_ki rotse_ a vene atxivaisho
Assim mesmo ela disse, foi agarrando seu marido

waikiti a ano a noiaivo.

e o chorou há muito tempo, aquela que o amava.

*Askai a wai imai noserotse_*

Mas enquanto chorava,

*a veneyaitorotse_ atorotse_*

aquela que estava casada, aquela mesma,

aro waishomaki,

aquela não o chorava,

vene wetsa ma venekavo askash.

pois já havia ficado com outro homem.

Askamaitse_...

E assim então...

"Mia chinavrai oamarivi.

"Não foi mesmo para te buscar que cheguei.

Txitxo chinavrai oarivi.", ikiti.

Vim mesmo para buscar a sua irmã.", disse ele há tempos.

A vanai venena.

Assim mesmo o homem falou.

Askavaikis...

E depois então...

"Shoko Nai Shavaya, aska no chinanino, no chinanino.

"Para a Morada do Céu-Descamar nós vamos juntos,

      nós vamos juntos."

Awetima shavaya no chinanino.", ikiti.

Para a morada imortal nós vamos.", disse ele há tempos.

Aska aka orikaivo a opiketani torepakekraiti.

E assim dizendo, jogou para lá um novelo e o deixou

      há tempos pendurado.

Askamainotse_ ano kaiti a a parina.

Assim fez e foi subindo primeiro por ali.

Askavaikis nokoinasho, nokoinavaiki...

E tendo chegado lá em cima, tendo chegado lá em cima...

"Mia orina, mia e_ teteshotsati"

"Venha logo, venha que eu vou te puxar!"

Aska akaivo nokoinavaikis, a a pari nokoinavaikistse_ tete
      ashoaiti,

Assim fazia e ela foi chegando, ela foi chegando primeiro
      e ele puxou.

Awe_ aska akarotse_ti a vakerasi

Assim fez e então os seus filhos,

awe_ a vakerasi_ awe_ ai_ akarasi_ vovoaiti.

os seus filhos e a sua mulher foram embora
      há muito tempo.

"Miaro e_ kanokiti."

"Vou com você", disse há muito tempo.

Ana, a veneyaivo.

Ela, a casada.

Askamai_nosrotse_,

E e ele então...

"Miaro txipo onosho akati,

"Você eu tiro depois daí,

miaro txipo onosho."

você eu tiro depois."

Askavaikis atovo keyonismai_nos tete ashoaiti.

E então, quando todos os outros já tinham subido,
      ele puxou.

Awe_ aska akatse_ a veneyaivo kaiti.

Assim ele fez e aquela que havia casado se foi.

Awe_ tekinasmais, taas tii — pakeikwati.

Mas, quando estava subindo, chhhh, tum! — ela caiu
      há tempos.

Anosho wa askarasi_ shovina,

Foi ali que tudo isso começou.

A askasevi, askamtaivo Vei Maya a pakeikawamtaivo...

Ela também, assim também aconteceu há tempos,
      Vei Maya foi caindo há tempos...[23]

IV. Os perigos do caminho

P: Awe shovia, a pakemai_no awe shovia?
P: O que foi que surgiu? Quando ela caiu o que surgiu?
Ch: Vei Vai tea shokoivo ati.
Aqueles que vivem juntos fechando o Caminho-Morte.
"Mia mato no manano." Iki ari shokoivo avo.
"Estamos aqui esperando por vocês", dizem aqueles
      que vivem ali.
Akash aivo vei ikitaivo
Assim falam e estes que já estão morridos,
aro vei,
esse que está morrido,
a vene vei ikitaivo,
o homem que está morrido,
aivo atxikesh.
este elas agarram.
Mato wetsarvi shokoaiti,
Aquelas que vivem há tempos numa colina,
naivo mato wetsarotse_ aro ai_vorasi_ shokoai.
as mulheres que vivem juntas numa colina.
Mato wetsarotse_ Vei Venerasi_ shokoaiti.
E noutra colina vivem há tempos os Homens-Morte.
Aro shavo kakamai vei akaya.
Estes, os matadores de mulheres passantes.
Noke vene akayaro ai_vo, Vei Maya.
A matadora de homens é mulher, Maya-Morte.
Awe_ kakaya natireme_ro, kakaya shavo:
As suas chefas talvez sejam estas, as mulheres-chefe:

Vei Maya, Vei Peko, Vei Mashe, aka awe_ kakayase ane,

Maya-Morte, Peko-Morte, Mashe-Morte, estes são
      os nomes de suas chefas,

kakaya shavose anerivi.

são mesmo nomes de mulheres-chefe.[24]

Akarotse_, arotse_ venerasi_ akaya.

São estas as matadoras de homens.

Vei yorarasi_rotse_ atovorotse_,

É tudo gente-morte esse pessoal,

aro ai__vo aka iki vei ikirivi.

essas mulheres são mesmo morridas.

Aska askarivi.

É mesmo verdade.

Askayavo askayavos atsarivi.

Pessoas assim, pessoas assim são mesmo muitas.

Noke vene vei aki atxikesh, aivo yora takemasho shokoi.

Quando nos matam, elas nos pegam e passamos
      a viver com essa gente.

Aivo ato para vanasho atxikesh Vei Mayase takesho
      shokono.

Enganando com sua fala-mentira, pegam [os homens]
      que passam a viver com Maya-Morte.

Aska askaito atsarivi yora wa aska,

É verdade, é mesmo muita aquela gente toda,

vei akaivorasi_ askai atsaivo yoavere.

é mesmo muita a gente matadora de quem falo.

Vei ikita ase atxitai,

Estando morrida a pessoa é agarrada,

atxita awe_ vei ikita ase.

é mesmo agarrada quando está morrida.

Ravero awa shao tapa tapiskamea,

Um escorrega na ponte de osso de anta,

ravero yama tapa kanekami,
outro erra a ponte mortal,
vei waka shakini pakekami,
cai dentro do rio-morte
shaka taas,
e o caranguejo chac
mapi_ taas
e o camarão chac,
shatea, aro veika,
o retalha inteiro e fica morrido,
aro a veika.
fica morrido.
Vimi noiaivoro,
O que gosta de frutas,
vimi aki nikai_sho,
o que come frutas ao andar,
kaki_ro a kaki_se, metsevaiki a kaki_se aka.
ir ele vai, colhe as frutas e vai.
Askamai wetsaro nikai_sho noika,
Mas aquele que se apega às frutas ao passar,
a vimi noika nikawasho,
aquele que se apega às frutas ao passar,
awe_ a ano nerish nakachnivoi a tanama.
este, sem saber, vai virando cupinzeiro pelo tornozelo.
Nerish nakachnivoiki_ ori tekiti_pa.
Vira cupinzeiro pelo tornozelo e não se move.
A veiyase.
Está morrido.
Neri nakachnivoiki_, neri a mapo mashteki
      tanama.
Virou cupinzeiro do tornozelo até o final do pescoço,
      mas não sabe.[25]

A vanaro vanasa, a oi_ro oi_sa, neno kesoa.

Falar ele fala, escutar ele escuta, mas está por aqui.[26]

Akarasi_vo seteni,

Estão todos aí parados,

amari vai keso kase,

lotam uma margem do caminho,

amari vai keso kase.

lotam outra margem do caminho.

Osiosipaivo veikenarvi, yora veia.

São mesmo diversos os morridos, as pessoas morridas.

Vei Vai awerasi_ westima,

São muitas as coisas do Caminho-Morte,

Vei Vai awerasi_ westima.

são muitas as coisas do Caminho-Morte.

Akaro rakero rakeka,

Assustador o caminho é,

askamai_no we ronosho noke oi_ro,

mas voando no vento nós vemos,

noke oi_makovaiki.

voando nós costumamos ver.

Aska ea oi_machi_rivi.

Foi assim mesmo que vi há pouco tempo atrás.

NOTAS

1 Para tal relação entre a composição da pessoa e o problema da enunciação no xamanismo amazônico, consulte Viveiros de Castro (1986, p.526ss). Consulte também Viveiros de Castro (2002, p.265-95; p.345ss).

2 Para o sentido especial que a noção de ontologia assume na antropologia contemporânea (bem como para suas polêmicas), recomendo consultar a posição de Martin Holbraad ("Against the motion") (Candea et al., 2010, p.152-200) e de Viveiros de Castro (2004, p.3-23).

3 Tome como exemplo as seguintes publicações provenientes de povos pano, todas elas de grande relevância etnográfica: Bertrand-Ricoveri (2005); Cabrera (1995); D'Ans (1978). Nesta última edição — composta por um conjunto importante de narrativas dos Kaxinawá -, D'Ans parece conceber a transposição da performance oral à prosa escrita sob o signo de uma certa negatividade. Reconhece-se uma perda de qualidades tais como as onomatopeias, a respiração e a gestualidade, mas não se encontra um espaço para sua reinvenção nisso que o autor chama de uma "reinterpretação literária" (ibidem, p.51). Ora, o charme que ali se pretende conferir aos textos, na tentativa de superar a objetividade do tratamento linguístico, é dado por uma concessão fácil à hipotaxe e sua coerência linear (aliás recorrente nas outras edições acima referidas). O próprio tradutor se questiona, em seu prefácio, se tal opção será de fato a mais apropriada para semelhante empreitada. É certo que ela torna a edição mais palatável para um leitor desacostumado a outros regimes sígnicos, mas há que se perguntar pelas qualidades de experiência deixadas de lado em tal processo. No mais, multiplicam-se nos títulos das narrativas (conferidos, ao que parece, pela edição francesa) títulos e categorias tais como "conto", "histórias maravilhosas", "seres fabulosos", "contos morais e imorais" e "mitos históricos" (ibidem, p.53-4) que dizem mais de certo olhar ocidental sobre um outro fantástico do que de suas categorias de pensamento.

4 Observe também o cuidado do autor com a tradução conceitual, notável em seu estudo sobre problemas de interpretação da noção de criação no Popol Vuh, publicado no referido volume (Tedlock, 1983, p.261ss). É certo que outros autores tais como Jakobson já haviam destacado a importância do paralelismo nas tradições orais antes de Tedlock, mas seu trabalho se torna aqui significativo ao revisar as possibilidades de tradução das artes verbais ameríndias. Em outro estudo, desenvolvo mais considerações sobre o sentido do paralelismo em tais artes verbais associadas ao xamanismo (Cesarino, 2006, p.105-34).

5 O trabalho foi realizado em parceria com a ONG Centro de Trabalho Indigenista (CTI), que conduz um programa de educação nas escolas do Vale do Javari. Essa parceria foi importante para que minha pesquisa fosse compreendida e aceita pelos próprios marubo. Ao longo dos anos, ele também contribuiu para reaproximar gerações distanciadas por conta das transformações vividas pelos povos indígenas, já que estimulava o interesse dos próprios jovens professores pela pesquisa de seus saberes tradicionais.

6 Os efeitos de tal recurso tradutório podem ser testados a partir da leitura de trechos mais longos dos cantos saiti, que infelizmente não vão reproduzidos aqui. Para tanto, o leitor interessado deve se reportar às minhas publicações indicadas ao final deste texto.

7 A cena de surgimento do mundo é contada no canto "A fala da Terra-Névoa", em via de ser publicada na sua versão integral. Um fragmento inicial pode também ser encontrado em Cesarino (2011, p.162ss).

8 Veja Viveiros de Castro (2004) para uma reflexão sobre o equívoco tradutório.

9 Destaco aqui algumas publicações brasileiras recentes: Medeiros (2007); Vianna Baptista (2011); Mussa (2009); Galvão (2004); Tugny (2009).

10 Uma versão reduzida desse depoimento foi originalmente publicada em Cesarino (2011, p.297-8).

11 "Néctar da terra" é uma metáfora para o sêmen dos homens de

um determinado local que geram filhos com suas mulheres (veja observação acima). No relato, o homem tinha três mulheres, Mashe, Peko e Maya. Matou as duas mais novas de tanto espancar e sobrou apenas a mais velha, Maya. Como vivem todas na Morada da Terra-Morte (Vei mai shavaya), este patamar do cosmos em que habitamos, elas costumam receber o termo "morte" antes de seus nomes pessoais. O mesmo acontece com os nomes de todos e de tudo aquilo que pertence a este mundo "morte", entre outros tantos mundos que compõem a cosmologia marubo.

12 Repetições como essas indicam a intensidade, sequência e duração de um determinado evento.

13 O Povo-Espírito da Samaúma e seus vizinhos vivem na Morada Arbórea (Tama sha- vapá), o primeiro estrato superior da cosmografia marubo. Ao morrer, o duplo (vaká) de Maya vai viver ali e começa a conversar com tal povo de espíritos.

14 Daí em diante, o destino póstumo dos duplos se tornou arriscado e os males se alastraram. O Caminho-Morte é muito próximo desta terra, por contraste à Morada Arbórea que, por sua altura, mantinha os mortos em uma distância segura. Agora os mortos fogem apavorados logo na entrada do dantesco caminho. Por conta disso, terminam por permanecer aqui assediando os viventes e causando doenças.

15 Na cosmologia marubo, espíritos não se pensam através de polaridades morais fixas: fizeram o Caminho-Morte por terem sido ordenados por Vei Maya, mas por si próprios não pensariam em causar sofrimentos. O procedimento é comum ao xamanismo e à feitiçaria, que consistem ambos na mobilização, por parte de um determinado especialista, de um contingente de espíritos para ações agressivas ou benéficas.

16 O termo "morrido" pretende dar conta das duas mortes previstas pela escatologia marubo, para a qual existem duas palavras com sentidos distintos: uma é a morte do corpo-carcaça, vopiya; outra, a morte posterior dos duplos, veiya, que se refere aos seus fracassos no destino póstumo (e que, por vezes, traduzo por "morrido",

de certa forma inspirado na "morte morrida" popular brasileira). Note que, neste ponto, Che- rõpapa passa da narrativa de Vei Maya a uma reflexão geral sobre a escatologia.

17 "Pessoas que olham com um olho só" é uma metáfora para aqueles que não cometem incestos e adultérios, um comportamento característico dos dias de hoje e condenado pela moral xamanística. A comparação, aqui, é com os estrangeiros e brasileiros (nawa), referência de monogamia para os Marubo. Estes últimos praticam com certa frequência a poligamia, uma forma de casamento que, outrora, era restrita aos grandes chefes e que se estende inadvertidamente nos dias de hoje às pessoas comuns.

18 Cherõpapa reproduz aqui o diálogo do duplo do morto com os habitantes e obstáculos do Caminho. Essa estrutura dialógica é elaborada com detalhes no "Canto Para Conduzir os Duplos" (Vaká Tonoa), traduzido em Cesarino (2011).

19 A loquacidade é decisiva no destino póstumo. Deveria ter sido adquirida em vida pela pessoa, para que então se tornasse capaz de falar/pensar cada risco presente no trajeto. Uma vez ultrapassados tais obstáculos, ela consegue chegar enfim na Morada do Céu-Descamar (Shokô Naí Shavaya). Ali, os antepassados quebram sua antiga carcaça, de dentro da qual a pessoa ressurge como um bebê. Os antepassados lavam então o corpo do recém-nascido com urucum. Crescendo rapidamente, ele passará daí por diante a viver por ali.

20 A especulação sobre o destino póstumo se desdobra novamente na narrativa.

21 A narrativa se refere ao antigo ritual funerário makika, no qual o cadáver era queimado e seus ossos moídos, para que depois fossem ingeridos pelos parentes afins do defunto.

22 Flechar calangos é um hábito comum das crianças marubo.

23 Essa narrativa mito completa a precedente, também sobre Vei Maya, a mulher desgraçada. Na compilação de mitos reunida por Montagner & Melatti (brochura inédita, 1999, p.144ss), lê-se que TxõtxõKoro, um dos epítetos das Mulheres-Morte utilizados por

Cherõpapa logo no começo de sua fala, é o nome da irmã mais nova, presente na segunda narrativa. Na versão dos dois autores, vemos que esta narrativa trata também da disjunção entre vivos e mortos: "Foi por causa dessa mulher que o morto não volta mais vivo, acabou. Primeiramente o morto ressucitava, agora não" (ibidem). Mon- tagner & Melatti coletaram uma segunda versão, cujo desfecho completa a narrativa aqui traduzida: "Onde ela caiu, ficou um buraco [...]. Com a terra do buraco foram formados todos os buracos da terra Vei Mai [Morada-Morte, na minha trad.]. O corpo e a carne da mulher viraram cupim (mai tsipó) e o munduru de terra (voyanoã). A vida da mulher morta seguiu para o céu. Chegou ao munduru do céu (naí voro), um pedaço da terra do céu, e aí morou. Chegando aí, formou o macaco-prego (chino)" (ibidem, p.146). Vei Maya parece ser a primeira a instaurar a separação do espaço do Céu e da Terra-Morte, depois de Kana Voã ter formado o mundo nos tempos antigos. Dá origem a todo o povo que aí vive, como diz Cherõpapa em sua narrativa. Não se entende, entretanto, a conexão precisa entre as duas narrativas aqui apresentadas por Cherõpapa (e presentes também na coletânea dos dois antropólogos), uma vez que os dois maridos são figuras bastante distintas: um parece ser benevolente e decide não levar Maya apenas porque esta o traiu; o outro é agressivo, espanca Maya por ciúmes e a deixa abandonada, fazendo com que outros homens dela se aproveitem. É aí que seu marido a espanca ainda mais e ela, infeliz, se deixa picar por uma surucucu (cf., ibidem, p.148). A própria figura de Maya se encontra invertida nos dois momentos: primeiro é mulher fiel agredida pelo marido; depois é volúvel, vai logo viver com outro. Variações como estas não são sinais de incoerência do pensamento mítico — bem ao contrário, parecem indicar uma reflexão sobre as dinâmicas de retaliação (kopía). Vei Maya, agredida ou agressora, decide fazer o caminho para que pessoas como o seu marido não passem com facilidade para as moradas melhores. A mulher segue vivendo "para si mesma" no Caminho, de onde por vezes chega para falar com os viventes desta terra. Foi o que pude testemunhar numa festa realizada na aldeia Alegria em 2007, quando ela cantou alguns iniki para os presentes através de um jovem romeya.

25 Como em todo o cosmos marubo, também o Caminho-Morte tem os seus respectivos coletivos e chefes.

26 O detalhe é importante: muitos dos duplos não percebem que estão "morridos".

27 O narrador indica com as mãos que o morto está transformado em cupinzeiro até o pescoço.

REFERÊNCIAS

BERTRAND-RICOVERI, P. *Mythes de l'Amazonie — une traversée de limaginaire shi- pibo*. Paris: L'Harmattan, 2005.

CABRERA, L. *L'univers enchanté des indiens shipibos*. Paris: Gallimard, 1995.

CANDEA et al. *Ontology is just another word for culture*. Critique of Anthropology, v.30, n.2, p.152-200, 2010.

CESARINO, P. *De duplos e estereoscópios: paralelismo e personificação nos cantos xamanísticos ameríndios*. Mana, v.12, n.1, p.105-34, 2006.

. *Oniska, poética do xamanismo na Amazônia*. São Paulo: Perspectiva; Fapesp, 2011.

D'ANS, A.-M. *Le dit des vrais hommes*. Paris: Union Générale d'Éditions, 1978.

GALVÃO, W.; GALVÃO, R. *Livro dos antigos desana-guahari diputiro porã*. São Gabriel da Cachoeira, Foirn/Onimrp, 2004.

HELDER, H. *Ouolof — poemas mudados para o português*. Lisboa: Assírio & Alvim, 1997.

MEDEIROS, S.; BROTHERSTON, G. *Popol Vuh*. São Paulo: Iluminuras, 2007.

MESCHONNIC, H. *Poética do traduzir*. São Paulo: Perspectiva, 2010.

MUSSA, A. *Meu destino é ser onça*. Rio de Janeiro, Record, 2009.

ROTHENBERG, J. *Shaking the pumpkin — traditional poetry of the indians North- -America*. New York: Doubleday & Company, 1972.

TEDLOCK, D. *The spoken word and the work of interpretation*. Philadelphia: University of Pennsylvania Press, 1983.

TUGNY, R. P. de. *Cantos e histórias do morcego-espírito e do hemex*. Rio de Janeiro: Azougue Editorial, 2009.

VIANNA BAPTISTA, J. *Roça barroca*. São Paulo: CosacNaify, 2011.

VIVEIROS DE CASTRO, E. *Araweté — os deuses canibais*. Rio de Janeiro, Zahar/An- pocs, 1986.

. *A inconstância da alma selvagem*. São Paulo: CosacNaify, 2002.

. *Perspectival anthropology and the method of controlled equivocation*. Tipití, v.2, n.1, p.3-23, 2004.

. *Filiação intensiva e aliança demoníaca*. Novos Estudos (Cebrap), São Paulo, v.77, 2007, p.111-112, 2007.

EVENTOS DE TRADUÇÃO NOS CANTOS-RITUAIS AMERÍNDIOS

Rosângela de Tugny

XAMANISMO E TRADUÇÃO

Muito se fala sobre o caráter tradutório do xamanismo, ou sobre os xamãs ameríndios serem sobretudo tradutores: porque estão aqui e alhures, e estão agora e neste tempo outro em que os humanos e animais se falavam. E este terreno tradutório é sempre cantado. Palavras nascem, pululam, viajam, se fazem escutar. Neste terreno, o do conhecimento xamânico, "palavras em seu sentido primário e essencial fazem, atuam, produzem e alcançam" (Malinowski, s/d: 52 apud Bueno Guimarães 2002). Elas possuem então um estatuto outro, bem distante do terreno da comunicação, onde temos hoje as palavras que circulam entre nós.

Os trabalhos de tradução de cantos realizados com os especialistas ameríndios são ainda insuficientes diante da abundância de produção vocal destes povos. Mas todos eles carregam com radicalidade as marcas de uma experiência de alteração do que se vê, do que se ouve, do que se sente, de lugares percorridos, de durações, do que pode ser um corpo ou um *socius* (penso aqui em Daniel Guimarães 2002, Pedro Cesarino 2011, Graciela Chamorro 2002, Santos & Fiorotti 2015, Sergio Medeiros 2008, Bruna Franchetto 1997, Eduardo Rosse 2011). Podemos também dizer que trabalhos decisivos da etnologia ameríndia passaram pela tradução, ainda que pouco extensa de cantos (Peter Gow 2001, Els Lagrou 2007, Viveiros de Castro 1986). Creio não estar cometendo nenhum abuso quando digo que as traduções dos cantos elucidaram questões cruciais destas etnografias.

Em uma belíssima reflexão sobre o cinema ameríndio e o estatuto da imagem entre seus realizadores, André Brasil (2006) propõe pensar no *fora de campo* em relação com o que está em cena e no invisível em relação ao que se faz visível nos eventos xamânicos. As análises do autor, e seu texto "Ver por meio do invisível: o cinema como tradução xamânica" nos enviam imediatamente à situação do pátio onde se realizam rituais nas aldeias, onde os cantos são performados, dançados, disputados, compartilhados, reiterados, localizados, embora sejam sistematicamente capturados, encontrados, negociados em mundos Outros, no fora, seja na experiência imediata (simultânea ao ritual), seja na experiência de um tempo mítico. Me interessa, para seguir este caminho, pensar um pouco sobre as passagens dos cantos que geralmente não traduzimos, aquelas que chamaríamos de vocalizações, geralmente repetidas como estribilhos. Certamente por que estes cantos têm algo a ver com um "fora" do espaço semântico, da tradução, mas também porque podem dizer algo sobre a língua que está neste fora de campo.

SONS QUE ESTAVAM LÁ

A grande questão, da qual eu estava imediatamente consciente em ambas as poesias, era se & como lidar com aqueles elementos nas obras originais que não eram literalmente traduzíveis. Como no caso da maioria da poesia índia, a voz carregava muitos sons que não eram, no sentido exato, "palavras". Estes sons tendiam a desaparecer ou a ser atenuados na tradução, como se realmente não estivessem lá. Mas eles estavam lá & eram pelo menos tão importantes quanto as próprias palavras. Tanto em navajo quanto em seneca muitas canções consistiam de nada mais do que esses vocábulos "sem sentido" (nem mesmo sílabas desconexas", mas sons fixos e recorrentes de uma performance a outra). A maioria das outras canções tinha tanto elementos significantes quanto não-significantes, & tais canções (McAllester me informou a respeito das navajos) eram frequentemente comentadas, qua estilo, pelas suas cargas sem sentido. Sons sem sentido semelhantes — Dell Hymes tinha chamado atenção para algumas canções Kwakiutl — poderiam ser, na realidade, chaves para as estruturas das canções: "algo normalmente desconsiderado, o refrão ou as ‹chamadas sílabas sem sentido'... na verdade tinham importância fundamental...sendo tanto vestígio estrutural quanto microcosmo." ("Tradução total: uma experiência na apresentação da poesia ameríndia", 1969).

Muitos cantos indígenas nos oferecem longas passagens que chamamos, ora vocalizações, ora refrãos, ou ainda: sons sem palavras, sons sem tradução ou conteúdo semântico. Antes mesmo de incorrer em generalizações abusivas, trago aqui exemplos de cantos tikmü'ün, com uma parcela dos quais realizei experiências de tradução. São repertórios que sustentam eventos intensos de rituais no dia a dia das diversas aldeias destes povos.

Tomemos um primeiro canto, que na realidade é uma lição, um aprendizado, trazido por duas mulheres, chamadas Komãyxop, quando surpreendidas pelos ancestrais na roça subtraindo suas batatas (ou amendoim segundo uma outra versão). O aprendizado dos cantos, da pintura, da dança recebida deste par das mulheres komayxop é fruto de uma negociação. Eduardo Rosse, que gravou, editou, traduziu e organizou juntamente com o reconhecido especialista Toninho Maxakali este belo livro de Cantosxamânicos do Komayxop, ressalta como nesta narrativa, as mulheres entendem que quando se deslocam para o pátio da aldeia — o lócus do ritual por excelência — estão indo "lá onde está a noite". A noite aparece aqui como um local e não uma duração [Rosse & Maxakali, 2011: 53-55).

As mulheres míticas teriam ensinado inicialmente o canto:

Komãy, vamos juntas
Kõmãy, vamos juntas
Venham ficar em minha casa

E o ancestral que as encontrou perguntou se cantavam aquele canto apenas na modalidade kutex kopox, literalmente: "cantos vazios". Assim, no pátio da aldeia inicia-se recorrentemente o ritual das Komãyxop com suas aulas de canto, pelos "cantos vazios":

hü hü u
hü hü ü hü ü hü
hü hü ü hü ü
hü ü h ü
....
hü ü hü ü hü
kõ mãk ni i xop
hü ü hü ü hü
kõ mãk ni i xop
hü ü hü ü hü
kõ mãk ni xop a
hü ü hü
ya'ak ha'ix

Outro ritual que se realiza entre os Tikmü'ün, quando recebem de alhures seus parentes gavião, também traz esta dupla modalidade de cantos que gostaríamos de discutir aqui: os kutex kopox e kutex ãxex. "Cantos vazios", termo traduzido pelo colega Eduardo Rosse (Rosse & Maxakali, 2011] como "cantos sem conteúdo semântico" e cantos "cheios", "plenos" (TUGNY, 2011: 148). Na coletânea de *Cantos dos Povos Gavião-espíritos* que traduzimos (Tugny et alii, 2009), o parente gavião chega celebrando a saudade da árvore de onde ele havia partido quando se transformou em povo-gavião:

saudades da árvore comprida haa
árvore comprida

saudades da árvore comprida
saudades da árvore comprida
saudades da árvore comprida
saudades da árvore comprida
saudades da árvore comprida

para em seguida entoar seu primeiro canto, um *kotex kopox*:

hiiyaaax hak aa hiiyaaax
miax ax hax yaa a hax ax yaaax yaax
miax aix ax yaaax yaax
miax aix ax yaaax yaax
hiiyax amiax hak aa
miax ax hax yaa a hax ax yaaax yaax
miax aix ax yaaax yaax
miax aix ax yaaax yaax
hiiyax amiax hak aa

hiiyaaax hak aa hiiyaaax

hik iii yaaa ix hax iah
hiiyaaax hak aa hiiyaaax
hik iii yaaa ix hax iah hiiya hak

miax ax hax yaa a hax ax yaaax yaax
miax aix ax yaaax yaax
miax aix ax yaaax yaax
hiiyax amiax hak aa
miax ax hax yaa a hax ax yaaax yaax
miax aix ax yaaax yaax

miax aix ax yaaax yaax

hiiyax amiax hak aa

hiiyaaax hak aa hiiyaaax
hox hax moh

Os tradutores Tikmü'ün vinculam a seguinte história a este evento de surgimento dos Mõgmõka, os "povos-gaviões espíritos", em suas aldeias:

> *O primo-cunhado foi e subiu na árvore onde ele estava. Subiu e chegou pertinho dele. Ele fez que ia voar, mas o primo-cunhado disse: "Não voa não, senão os outros índios me humilham. Fique quieto aí sentado". Então o mõnãyxop parou. O primo-cunhado pegou sua canela, agarrou- a e desceu. Todos se juntaram e o depenaram. Ele ficou todo depenado. E morreu. Morreu e de seu corpo surgiu o gavião grande. Surgiu o gavião grande e surgiu todo o povo-espírito-gavião-grande. E eles cantaram com os yãmiyxop os cantos do gavião-espírito. Esse gavião- yãmíyxop canta. Seu nome é mõgmõka. E se transformou também nesse mõgmõka (Tugny et al. 2009).*

O que observamos, neste e em alguns mitos de origem, é que um povo surge com sua linguagem, seus cantos-imagens, e que tais surgimentos ocorrem com a multiplicidade de espécies. Um povo nunca é homogêneo. Formam multidões heterogêneas, com vozes e cantos heterogêneos.

Antes não havia mõgmõka, mas o mõnãyxop se fez transformar. E surgiu o gavião grande e o pequeno. Muitos gaviões pequenos e muitos gaviões grandes, gaviões-reais. E gavião-carrapateiro e gavião-de- pescoço-vermelho, e os gaviões-caboclo-grandes. E surgiu o gavião- carijó, e surgiu o gavião-preto, a harpia. Saíram muitos. E agora há muitos na mata. Saíram gaviões grandes da transformação do mõnãyxop. Surgiram os gaviões-de-penacho, e de todas imagens saíram. Quiriquiri, caburé, acauã — ele também é gavião. E saiu também do corpo do mõnãyxop o gavião-de-penacho e o gavião-grande. O gavião é yãmtyxop-gavião. E seus cantos se chamam mõgmõka, yãmTyxop-mõgmõka. Mõgmõka é o responsável, o chefe grande, e toma conta dos outros (idem ibidem).

O narrador reafirma então que o evento do ritual consiste nesta visita do povo-gavião (os Mogmõka) até a casa central do pátio da aldeia, denominada pelos Tikmü'ün de *Kuxex* e traduzida por eles, já há algum tempo, como "casa de religião". Ao vir até as aldeias dos parentes humanos, eles vêm com sua multiplicidade de espécies, vêm para trocar cantos, nomes, palavras, comidas que lhes são oferecidas pelas mulheres da aldeia, consideradas suas mães.

O yãmiyxop-mõgmõka vem na casa de religião e aí todos os outros vêm atrás dele. Aqueles outros vêm juntos. E fazem a festa. Todos vêm juntos fazer a festa. Todos seus parentes entram junto com ele na casa de religião. E vêm os seus parentes tangarazinhos. Vêm junto com eles fazer a festa. E suas mães, as mulheres da aldeia, lhes dão comida. E suas mães lhes dão comida. Quando a comida termina, eles se vão e todo o mundo toma conta deles. Tomam conta de todos os gaviões-yãmíyxop. Tem aquele que se chama tangarazinnho. Cada um tem um nome, cada um. Mas mõgmõka é quem toma conta de todos. Os outros vêm vem atrás para ajudar na festa. Eles comem a comida dada pelas mães e quando acaba, vão embora. (idem ibidem)

Todos estes eventos, descritos pelo pajé Zé Diká Maxakali durante a festa de chegada dos parentes gavião entre os Tikmü'ün, são trabalhados acusticamente. Dentre os cantos encontramos uma série significativa que aparece como vocalizações, ou seja, kotex kopox (cantos vazios). A pergunta que tento formular é então: o que fazem aqui estes "cantos vazios", estas vocalizações, estes estribilhos, quando se trata da chegada de uma multiplicidade de seres gaviões, com seus nomes e suas línguas? São eles de fato "vazios", sem "conteúdos semânticos", intraduzíveis? Os próprios tradutores tikmü'ün em alguns momentos pareciam hesitar traduzindo parcelas destes cantos vazios com estados afetivos, como mia aix, que pode referir-se à intensa alegria.

Antes de prosseguir, evocamos aqui as reflexões de Anthony Seeger sobre uma modalidade de cantos dos Kisedje, povos de língua jê, denominados Akia, onde ele teria encontrado igualmente versões dos cantos com passagens aqui nomeadas por ele como cantos "sem substância".

Em outro ritual Tikmü'ün, o dos povos morcego, quando estes visitantes chegam às aldeias, cantam apenas seus kutex kopox (cantos vazios). Estes "cantos vazios", os povos morcegos os impregnam de palavras traduzíveis quando recebem alimento das suas mães, as mulheres das aldeias, selando assim a troca de alimentos com a troca de palavras.

Entre os polos onde se situam as modalidades dos cantos sem substância — ou cantos vazios — e os cantos com palavras, o que me parecer poder propor é que se empreende um verdadeiro trabalho acústico-temporal, cuja principal tarefa parece ser justamente a de provocar o surgimento das palavras, a nomeação ou o chamado. São então muitas as camadas possíveis de tradução entre estes sons cantados pelas diversas vozes presentes no ritual e entre elas e o pesquisador, tradutor, que não apenas chega com sua língua materna, mas sem a experiência das dobras do mundo abertas pelo universo xamânico. Talvez junto com a reflexão sobre este trabalho de fazer surgir o nome, em sua materialidade, devamos pensar também um outro traço, este ainda mais frequente do que a existência dos cantos "vazios" nos repertórios ameríndios, que são estes léxicos desconhecidos, cujos únicos possíveis tradutores, são os mais velhos das aldeias, que têm partido em tempo acelerado. Entre os Tikmü'ün, encontramos 12 conjuntos de repertórios, cada um apresentando variações lexicais, tratando-se para os cantores das línguas específicas, atributo de cada povo-espírito. Seeger também observa entre os Kisêdjê que

> *Era preciso muita habilidade para decifrar a letra de um canto e, em alguns casos, nem mesmo o especialista ritual podia fazer mais que repetir o próprio canto. Nem todos os cantos tinham letras traduzíveis. Em certos casos, ninguém era capaz de explicar o que queria dizer o texto Kisêdjê". (Seeger 2015: 98).*

VOZES DE ENCONTRO E DE SEPARAÇÃO

Retornamos aos cantos do Mõgmõka, o povo-espírito gavião entre Tikmü'ün (TUGNY et alii 2009) para tratar deste trabalho de fazer surgir os nomes, que passa a ser ele mesmo um trabalho de dar sentido às palavras e torná- las traduzíveis. Este repertório está repleto de sons e vozes próprias dos pássaros e outros animais, podendo servir como seus nomes indo até o empréstimo de vozes Outras.

O Mõgmõka é, como nos ensina a história, um parente, que tomou o corpo de múltiplos gaviões e se foi. Ao partir, mesmo saindo do campo visível, podia ser escutado. Seu ritual e seus cantos tratam da saudade, de sua viagem à aldeia para rever os parentes que deixou ao transformar-se em pássaro. Canta a partir de suas múltiplas perspectivas, assumindo corpos diferentes, desde seu vôo de aproximação até o pátio da aldeia até o seu distanciamento em que imagem e voz deixam de existir para os que ficam. As mulheres tikmü'ün, que sentem saudades e desejam o retorno dos Mõgmoka são geralmente as que solicitam estes rituais. Sabem distinguir uma palheta rica de sonoridades — assovios, gritos, cantos, sons percutidos que indicam sua aproximação e seu distanciamento, mesmo ainda estando eles em um "fora-do-campo".

Algumas palavras dos cantos traduzem estes movimentos:

vamos descer lá
vamos descer
onde estão nossos velhos, vamos descer
onde estão mõgmõgka, vamos descer
vamos descer
vamos descer lá

ou

patas pretas estiradas
voando as patas pretas estiradas
voando as patas pretas estiradas
pousando na árvore seca as patas pretas estiradas
pousando na árvore seca as patas pretas estiradas

ou

os olhos fitando o chão ha

os olhos no chão
os olhos fitando o chão
os olhos fitando o chão ha
os olhos fitando o chão
os olhos fitando o chão ha
os olhos no chão

Por outro lado, vários destes cantos kopox, "vazios", trazem nos títulos oferecidos pelos tradutores e cantores tikmü'ün suas funções ritualísticas:

"canto do mogmõka mandando buscar comida"

hôi hôi hôi hôi
dia diadadi dia diadadi hôi hôi hôi hôi
dia diadadi dia diadadi hôi hôi hôi hôi

"grito do mogmõka trazendo o mímãnãm"

aou aou aou
aou aou aou
aou aou aou

aou aou aou
aou aou aou

"para saber que é madrugada"

guêguêguêi guê guêi

"canto do mogmõka dentro do kuxex".

guêguêguêix guê guêi
guêguêguêix guê guêi

Outros são considerados como as vocalizações de pássaros e animais cujos nomes aparecem no título atribuído pelos cantores:

"cigana jacu jacutinga"

xôc xô beco beco becu
xôc xô beco beco becu

xôc xô héi héi héi héi
xôc xô héi héi héi héi

xôc xô patacá patacá patacá
xôc xô patacá patacá patacá

diac haa

ou "sabiá laranjeira"

xôxôê ê

xôxôê ê

xôxôê

xôxôê

xôxôê

ôc éé ôc i a i a iia

xôxôê ê

xôxôê

xôxôê ê

Ao final deste encontro que pode durar alguns dias ou mesmo meses na aldeia, a comunidade de homens, mulheres e espíritos se prepara para a despedida. Os tradutores me explicaram que os parentes gavião estavam tristes porque partem e, portanto, tomam emprestadas outras vozes para ir embora e chorar de saudades. A sequência se faz com a tomada de vozes do aracuã, da pererreca, do urutau, da coruja vermelha, do mangangá, até o choro final do João Porca.

aracuã

ook hok hok aaak eo hai
ook hok hok aaak eo hai
vamos embora escutar a voz e o grito do aracuã
ho aak hax ok hai

pererreca

ook hok hok aaak eo hai
ook hok hok aaak eo hai

vamos embora escutar a voz e o grito da perereca
ho aak hax ok hai
vamos embora escutar a voz e o grito da perereca

...

urutau

ook hok hok aaak eo hai
ook hok hok aaak eo hai
vamos embora escutar a voz e o grito do urutau
ho aak hax ok hai

coruja vermelha

putuxkup mãnanana
putuxkup mãnanana

coruja listrada

putuxkup mãmix mixmix
putuxkup mãmix mixmix

mangangá

gê   gê gê gê   gê gê gê   gê
gê gê gê gê   gê gê gê   gê
gê   gê gê gê   gê gê gê   gê

Esta finalização do ritual, quando mulheres, crianças e homens cantores da aldeia estão todos juntos, impregnados de uma frenética dramaticidade, tomados pelo trabalho vocal e pela construção de um aceleramento temporal, pelo inusitado da escansão dos versos, pela desigualdade e descompasso do balanço dos chocalhos é também uma prática linguística. Estão aqui aprendendo outras línguas e desaprendendo aquela, central, que se falou e traduziu nos momentos do encontro, do evento, na comensalidade do pátio da aldeia. Estas línguas se transformam na medida que os parentes, primos, cunhados, genros gaviões saem de seu campo de visão.

Estamos aqui, nestes momentos de liminaridade também da linguagem, entre o som e o sentido, entre as palavras novas, do centro do pátio, e as palavras que viajam para longe e retornam, entre a experiência intraduzível do encontro e da separação, mas também a do tornar-se outro e de estar aqui e proferir os resíduos traduzíveis que se encontram nestas interlínguas. Ouçamos o lamento final do João Porca, quase inaudível, ressurgindo, distante do "aqui" da aldeia, penetrando — ainda e quase — indistintamente a camada dos risos e vozes das crianças, dos homens, dos passos das mulheres que ficaram. De uma longa produção sonora, surgem ainda, quase não mais sensíveis algumas palavras:

êim êim êêm
êêêê êim

êim êim êêm
êm êm êêm

êim êim êêm

ê ê ê ê êim

êim êim êêm
êm êm êêm
êim êim êêm
ê ê ê ê êim

êim êim êêm
êm êm êêm
êim êim êêm
e e e e eim

eim eim eem
em em êêm

eim eim eem
ê ê ê ê êim

eim eim eem
em em êêm

eim eim eem
ê ê ê ê eim

eim eim eem
êm em êêm

eim eim eem
ê ê ê ê êim

eim eim eem
êm em êêm

eim eim eem
ê ê ê ê êim

eim eim eem
êm êm êêm

eim eim eem
ê ê ê ê êim
eim eim eem
êm êm êêm

eim eim eem
ê ê ê ê êim

eim eim eem
êm êm êêm

êim êim êêm
ê ê ê ê êim

êim êim êêm
êm êm êêm

êim êim êêm
ê ê ê ê êim

êim êim êêm
êm êm êêm

êim êim êêm
ê ê ê ê êim

êim êim êêm
êm êm êêm

eim eim eem
ê ê ê ê eim

êim eim êêm
êm em êêm
êim eim êêm
ê ê ê ê êim

êim êim êêm
êm em êêm

saudade das tias
saudade dos velhos
saudade dos putuxop
saudade dos mõgmõka
saudade dos yãmyxop
saudade dos xapakxop

êim êim êêm
êim êim êim êêim

êim êim êêm
êm êm êêm

êim êim êêm
êim êim êim êêim

êim êim êêm
êm êm êêm

êim êim êêm
êim êim êim êêim

êim êim êêm
êm êm êêm

êim êim êêm
êim êim êim êêim

êim êim êêm
êm êm êêm

êim êim êêm
êim êim êim êêim

êim êim êêm
êm êm êêm

êim êim êêm
êim êim êim êêim

êim êim êêm
êm êm êêm

êim êim êêm
êim êim êim êêim

êim êim êêm
em em êêm

êim êim êêm
êim êim êim êêim

êim êim êêm
êm êm êêm

saudade das tias
saudade dos velhos
saudade dos putuxop
saudade dos mõgmõka
saudade dos yãmyxop
saudade dos xapakxop

êim êim êêm
êm êm êêm

A despedida dos parentes 'povo gavião' pela voz chorosa e pelas palavras quase dissolvidas do João-Porca, todo este exercício de linguagens, de nomes chamados, surgidos, esta palheta de sentidos e traduzibilidade que eles nos trazem, com outros sentidos retorcidos, estes cantos fazem-me pensar que existe neste evento uma profunda reflexão sobre a linguagem e sobre como obter palavras no mundo indígena.

PALAVRAS SONS, ILHAS DE NOMES: EFICÁCIA E VALOR DAS PALAVRAS NOS CANTOS AMERÍNDIOS

Escolhemos então, para pensar aqui a tradução dos cantos xamânicos, trazer estes "cantos vazios" (Tugny et alii 2009), ou "cantos sem conteúdo semântico" (Rosse & Makali, 2011), "cantos sem substância" (Seeger, 1977), "palavras de música" (Seeger, 2015), estas vocalizações, ou ainda estas trocas de vozes para o lamento, e mesmo estas vozes onomatopeicas que chamam um nome próprio. Escolhemos porque eles parecem nos dizer algo sobre o estatuto das palavras cantadas e o sentido mesmo da tradução dos cantos.

Num contexto bem diferente dos cantos tikmü'ün, na leitura e tradução de cantos huni kuin, de povos do Acre de língua da família pano, encontramos no trabalho de Daniel Bueno Guimarães (Guimarães, 2002) uma reflexão significativa sobre o estatuto desta classe de palavras. Ao mencionar estas vocalizações presentes nos cantos Huni Meka ou os cantos do Nixi Pae, Guimarães propõe que aquém ou além dos significados lexicais, estas palavras tratam de "valores intensivos", abrindo então uma nova perspectiva para o tratamento destas palavras antes deixadas de lado pelos tradutores. Trago agora uma longa passagem deste trabalho, em que o autor dialoga com o tradutor Huni Kuin Norberto Sales Tene:

> *Entre recurso expressivo puramente musical da voz e signo semanticamente carregado, as "palavras-som", ou estribilhos, seriam um caso singular da linguagem dos cantos. Essas formas consistiriam em vocalizações recorrentes e aparentemente não significantes. De número restrito, tais estribilhos se repetiriam em diversas músicas de huni muka. Recebi de Norberto Sales Tene duas interpretações aparentemente diversas a respeito do valor atribuído a essas "palavras-som". A primeira diz que "isso daí é igual a um som. Como nós cantamos sem instrumento então isso daí é tipo um violão, uma sanfona. Isso é som daquela música" (Norberto Sales Tene). Essa interpretação enfatiza obviamente*

o aspecto estritamente musical dos estribilhos, que fariam o acompanhamento da voz, dando o tom em que a canção se desenrola. Porém, outra observação coloca a questão dos valores expressivos e espirituais ligados à palavra-som, o que seria uma forma mais ampla de se ler a função de «dar o tom». Essa teoria associaria cada som a uma luz («energia») diferente, bem como a um tipo de cipó: Cada som [do estribilho] tem uma luz diferente, uma luz ou então daquelas forças. Têm várias luzes, cores: azul, vermelho, brilhoso. E têm vários nomes de cipó diferente, baka, pati, shawa, shane [...] o pati é verde, bem macio; o baka é bem leve e brilhoso branco como escama de peixe; shawa é daqueles vermelhos, tipo sangue — quando pega mesmo, você vê sangue igual chuva; tem shane que é azul, um pássaro bem azul. Cada cipó tem sua cor e suas músicas (Norberto Sales Tene). A segunda interpretação, bem mais ampla que a anterior, relaciona os estribilhos, senão a um significado lexical, pelo menos a valores intensivos, como a forças especiais, marcadas pela tonalidade da luz e pela intensidade da experiência visionária. Até onde pude observar, isso é apenas uma hipótese, ou talvez a memória fragmentada de um conhecimento outrora profundamente sistematizado acerca do uso do nixi pae, provavelmente ligado às práticas xamânicas. Desconheço até que ponto a execução cerimonial dos cânticos obedece a essa sistematização, o mesmo se é reconhecida de forma ampla pelo Kaxinawá. De qualquer modo ela sugere o estatuto complexo das palavras-som, e sua pregnância especial para o ouvido huni kuin. (Guimarães, 2002, p. 211)

Esta pregnância especial para o ouvido huni kuin — ali onde o tradutor, Norberto Sales, se refere à luzes, cores e intensidades variantes — é o que leva, mesmo as palavras dotadas de um significado lexical reconhecível, as palavras dos cantos ameríndios a um estatuto diferente. Elas passam a ser, não apenas a marca de experiências intensas, buscadas e desejadas no ato mesmo de cantar e ouvir, mas o lócus, o aqui e agora, de algo que carrega e produz um alhures no espaço ritual em que o canto se produz. Retomo Guimarães, que nos convida a tecer com estas "palavras vazias ou palavras de música" reflexões decisivas para pensarmos a tradução das demais palavras cantadas no xamanismo:

Metaforicamente, toda palavra em um canto é como uma palavra-som, uma espécie de estribilho sem nenhum sentido e repleto de força sugestiva. Toda palavra é palavra-som na parte de sentido que se perde numa tradução, o que talvez seja o mesmo que dizer: na dimensão sempre nativa e concreta — e às vezes secreta — do símbolo. A linguagem na perspectiva dessa classe de palavras, ou mais amplamente, no crivo dos cantos, revela sua faceta mais irredutível, mais simbólica e talvez mais investida de poder e eficácia ritual. (Guimarães, 2004, p. 212)

Daniel encerra seu caminho percorrido pela reflexão de leitura e tradução dos cantos huni kuin — passando por repertórios que se agrupam principalmente em rituais de batismo dos legumes (*Katxanawa*), batismo das crianças (*Nixpupima*), e ingestão do cipó (*Huni meka*) — propondo um exercício sobre o canto Nai Kawa, transcrito, pesquisado e cantado por Isaias Sales Ibã. Para tanto, lança mão da versão escrita e publicada por Ibã Kaxinawá no seu livro *Nixi pae o espírito da Floresta* (2006), mas sobretudo, transcreve uma execução do próprio autor, pesquisador e cantor huni kuin numa "cerimônia de nixi pae em junho de 2000 no Jordão" e lança mão dos seus comentários, paráfrases, e relatos da experiência dentro do efeito do cipó (GUIMARÃES 2002 : 228). Guimarães propõe sua tradução como "uma espécie de comentário sobre a experiência de tradução, uma apropriação metalinguística do texto "original", que visa tematizar indiretamente o processo de transposição e transformação dos cantos".

Nai basa masheri
Hanu paxi tapia
Ha paxi tanaitun, a,a, a ni-a-ne-ne
Nai basa masheri

Hanu paxi tapia
Ha paxi tanaitun, a, a, a ni a ne ne
Nai mashe paxeri
Bixki ana beime
Nai mashe paxeri

Bixki ana beime
Min besu waturi
Pute ana beime, a, a, a, ni a ne ne
Miwe yura iniwe

Ha yura iniwatani

Iniami nukui, a, a, a, ni a ne ne
Nai hepe shãkuri
Shãtse ana beime, a, a, a, ni a ne ne
Nai pixin shãkuri
Tsusa ana beime, a, a, a, ni a ne ne
Min besu waturi
Pute ana beime
Miwe yura iniwe
Ha yura inieatani
Iniami nukuri, a, a, a, ni a ne ne

Min besu waturi
Pute ana beime, a, a, a, ni a ne ne
Nai kawa binixin
Shapa itxa nituã
Yuxi txita dakani, a, a, a, ni a ne ne

Miwe yura iniwe
Ha yura iniwatani
Iniami nukui, a, a, a, ni a ne ne
Nai kawa bunixi
Shapa itxa niutã
Yuxi txita dakani, a, a, a, ni a ne ne

Céu de urucum, rosa-rajado
O pálido caminho se abrindo
O pálido caminho seguindo
Céu de urucum, rosa-rajado

O pálido caminho se abrindo

O pálido caminho seguindo
Céu cru, urucum molhado
Esfregando, volta transformado
Céu cru, urucum molhado

Esfregando, volta transformado
Junto ao teu rosto fazendo
Abrindo, volta transformado
Com teu corpo emergindo
Esse corpo agora emergindo

Emergindo foi encontrado
O céu no gomo do talo
Puxando, volta transformado
O céu no gomo trançado
Dobrando, volta transformado
Junto ao teu rosto fazendo
Abrindo volta transformado
Com teu corpo emergindo
Esse corpo agora emergindo
Emergindo foi encontrado

Junto ao teu rosto fazendo
Abrindo, volta transformado
O céu nos cabelos da folha
Juntando de longe no vento
Fechado na moela do espírito

Com teu corpo emergindo
Esse corpo agora emergindo
Emergindo foi encontrado
O céu nos cabelos da folha

Juntando de longe no vento
Fechado na moela do espírito

O autor propõe o canto como um movimento de captura e transformação, de forças, onde os nomes próprios e as qualidades que eles carregam se intercambiam. A tradução considera então a materialidade das imagens verbais e os movimentos de transformação que o canto sugere. Desde os primeiros versos — *Nai basa masheri/Hanu paxi tapia*, trazendo os referentes: 'céu', 'macaco de cheiro' (cuja pelagem é rosa, rajada) e 'urucum' no primeiro; e 'pálido', e 'mostrar', 'ensinar o caminho,' no segundo, traduzidos com "Céu de urucum, rosa-rajado, o pálido caminho se abrindo" — é por ele destacada esta forte materialidade das imagens. Mais adiante as expressões *Bixki ana beime, pute ana beime, shãt-se ana beime*, referem-se ao movimento de transformação. Guimarães apresenta as exegeses de Ibã baseadas na descrição pessoal de movimentos ligados ao corpo que provocam a modificação da energia ou da força (pae, traduzida por ele como "encanto"). A passagem seguinte, dando seqüência ao movimento de transformação, se compõe de imagens que remetem, segundo Bueno Guimarães, ao

> *processo de tecelagem de uma superfície (como tapetes, abanadores, tetos e cestos de palhas) a partir das filhas e dos talos de uma palmeira" sugerindo a "conformação de uma matéria prima bruta em artefato" e cuja artesania é obra do próprio céu, associado ao olho ou gomo de uma palmeira: Nai hepe shãkuri; shãtse ana beime; shãkuri tsusa ana beime traduzidos como "o céu no gomo do talo, puxando, volta transformado,*

*o céu no gomo trancado, dobrando volta trans-
formado.*

Os versos seguintes, na exegese oferecida pelo tradutor tratam da subida à tona do sujeito da experiência, "com teu corpo emergindo, esse corpo agora emergindo, emergindo foi encontrado", enquanto aparecem no texto as imagens relacionadas aos movimentos verticais como: olhos de palmeira, copas, pontas, tocos de pau, vigas, "pontos de referência para o constante empuxo para o alto que o canto tenta imprimir" (Guimarães 2004: 233).

Não teremos aqui o tempo necessário para acompanhar passo a passo o complexo trabalho de tradução com o qual Guimarães, tendo Ibã Huni Kuin (Isaías Sales) como seu guia, chegou a esta potente composição. Mas ele nos oferece a possibilidade de adentrar uma nova experiência tradutória empreendida por este professor, pesquisador e cantor Huni Kuin, o mesmo Ibã que esteve ao lado de inúmeros pesquisadores que se interessaram pelo xamanismo, pelo pensamento, pela ciência e pelo mundo vivido pelos Huni Kuin. Ibã sempre carregou consigo, além do interesse vivo pela pesquisa dos cantos, a documentação, a transcrição, a prática vocal e o registro com os mais velhos conhecedores do seu povo, uma vocação ao mesmo tempo educadora e pedagógica. Desde a publicação do seu primeiro livro, esteve rodando outras aldeias Huni Kuin do Acre, notadamente as comunidades do rio Humaitá, para, com as palavras cantadas, promover a retomada da fala em *Hatxa Kuin*, a língua nativa destes povos. Mas certamente, Ibã, em seu prolongado contato com os não indígenas e na sua tarefa de tradutor intercultural, aprendeu com as incapacidades postas pelos pesquisadores não indígenas, diante das intricadas formas como palavras se justapõem, aparentemente sem nexos que correspondessem às sintaxes narrativas que nossa língua pudesse dar conta, e cuja força e movimento não encontravam correspondência no nosso imaginário. O pesquisador, tradutor e artista indígena então reuniu as demandas pedagógica e tradutória numa única e evidente tarefa: expandir os cantos em imagens. Ibã oferece a explicação dos cantos aos seu alunos, que, produzem as imagens como forma de tradução, tendo hoje se transformado em um potente movimento de captura e produção de imagens a partir dos cantos, com a criação do Movimentos dos Artistas Huni Kuin. Note-se que ele tem insistido com seus interlocutores que com esta expansão aos desenhos não está propriamente a fazer um trabalho de tradução e sim a "botar sentido".

> *Pelo menos o sentido que a gente tem, pelo menos você vai sonhando, pelo menos você tem isso. É isso que fala a linguagem do nixi pae. Não é tradução, eu estou botando o sentido para os estudantes, o meu povo sentir e acompanhar estes desenhos. (Mattos & Huni Kuin, s/d)*

Creio que Ibã Huni Kuin diz aqui — com a expressão "botar sentido" ou "por no sentido" do *valor intensivo* das palavras dos cantos, agora todas na função de "palavras som", todas colocando a mesma dificuldade de "conversão discursiva", por trazerem em si a força de uma experiência única. Este valor intensivo transforma as palavras do canto em palavras som, e todas elas em nomes próprios, ou em chamamentos.

> *A dificuldade de conversão discursiva de seu sentido não esconde, por outro lado, o fato de*

que mesmo um puro som é uma forma de arti-
culação de experiência, talvez até a única forma
de articulação dessa experiência singular. Como
forma única, a palavra-som guarda algo do
nome próprio [grifo nosso], na medida em que
sua forte vinculação com o objeto que designa
aparentemente esvazia-lhe a própria significa-
ção, ou anula sua possibilidade de paráfrase abs-
trata: o nome próprio apenas existe em seu laço
com o referente e com as interações discursivas
— assim como pode-se dizer que certos referentes,
sobretudo os imaginários, apenas existem na lin-
guagem e talvez fora dela, enquanto nomes pró-
prios e nomes chamados. (Guimarães, 2004 212)

HISTÓRIAS-DICIONÁRIO NOS CANTOS AMERÍNDIOS

Com outras palavras, Ibã explicou-me em Porto Seguro seu exercício tradutório, atendendo-me justamente quando lhe indagava pela forma como vertia ao português o texto do canto como estas "ilhas de Nomes próprios", sem de fato tentar me explicar de que forma eles estavam ali avizinhados. Sua resposta fez-me entender como é necessário então adentrar nesta consciência, tão partilhada pelos povos ameríndios, de que a língua nunca foi prerrogativa do humano, e que se perdemos, por diferentes catástrofes sociocósmicas a comunicação, não perdemos a língua de cada povo e de cada objeto:

Primeiro ensino o canto, e eles cantam. Se não me
perguntam nada sobre as palavras, os segredos,
eu deixo. Quando eles perguntam eu respondo.

Na hora do desenho, quando a tela está na frente, decidimos o que vamos fazer. Quem não sabe ainda, me pergunta, ele vai palavra por palavra. Assim vai entrando. Vou ensinando o desenho, partes por partes. A ligação entre os termos do canto vem do planeta, ela é da floresta. Mas só encontramos no presente o nome. Só o nome e o escrito. A palavra fala isso. Ao mesmo tempo, no planeta, cada objeto fala, mas nesse momento você fala de tudo. (Ibã Huni Kuin: comunicação pessoal, Porto Seguro, agosto 2016)

É com esta urgência do valor das palavras e a iminência do silenciamento da terra, não apenas com a morte dos txana, os pajés, dos velhos cantores, mas do resto dos objetos do planeta, que Ibã deixou a universidade do Acre quando soube da morte de sua tia, a última esposa de seu pai Tuim Romão Sales, já velho e triste, não querendo mais cantar. Ao seu lado, cozinhando para ele, o filho foi aprender, praticar e gravar o que ainda podia das palavras que seu pai guardava, palavras que vinham de longe e que antes nunca havia escutado. Em pequeno trecho aqui transcrito, percebemos o valor destas palavras:

Tui*: Haskawashu hanu shane tsakani repi kainikiki.*
E aqui a música começa a contar as longas histórias do pássaro tsakani.
Ibã*: Ha mí e a ishualtsa unãshubira ruakabi mi ea ishuãitsa.*
Então canta este, mas bem devagar.
Tui*: Unã shubira ishunu manayuwe.*
Então vou cantar devagar.
Haskawashu hanu shane tsakani anu repi kainikiki.

É a história do surgimento de cada um dos cantos.
Ibã: Haskawashü una shubira ea ishuwê.
Então canta bem devagar.

E Ibã fez sobre este canto o seguinte comentário sobre o que cantou seu pai

Não são todos que conhecem o shane tsakani. Só alguns conhecem bem esta história porque aprenderam o canto. Só com ele você vira um cantador que tem responsabilidade da festa. A história que este canto carrega é uma história--dicionário, de onde surgiram os animais, os pássaros, os animais grandes. Todos os nomes, muitos nomes. São os nomes do tempo em que vivíamos junto com os animais. Gavião real, japimim. Aí aprendemos as vogais dos pássaros, como o mãpu, o pombo do mato, escutamos suas palavras ho ho ho ho. As palavras que pedi ao meu pai que cantasse eram muito lindas, hiri yunu hanimã hanu. Hiri é o povo antigo. Yunu é a árvore louro. Hanimã é a formiga tashi. Shane siã kaini significa o surgimento dos nomes, quando eles brotaram. Hiri xiri keshpima, hiri shanu tsakashü, hiri shanu ukashü. Hiri xini: hiri é pessoa ou o espírito, xiri é grilo, keshpima é a flecha feita do talo de palmeira, tsakashü é a flechada. Hiri shanu ukashü, o espírito mulher que vem de longe. Eram palavras que eu não conhecia, nem eu e nem muitas pessoas. Quem não dirige os cantos Pakarf não conhece estas palavras e nem de onde elas vieram.

O que sua experiência de pôr sentido pela produção das imagens — numa genuína prática intercultural, pois se trata de trazer aos brancos estas imagens — traz para a discussão, ou exercício, que tentei trazer sobre estas palavras-sons, estribilhos, refrões, vocalizes, ou cantos sem conteúdos semânticos, sem substâncias ou cantos vazios, tão presentes nos cantos de muitos povos ameríndios, é o quão importante se faz pensar sobre eles. Seria quase reverter a lógica do processo tradutório. Se estas passagens liminares, intraduzíveis, antes pareciam receber pouca atenção do tradutor, o que sua materialidade, intensidade e eficácia nos levam a pensar é o quão importante seria considerar todas as palavras dos cantos ameríndios como puras palavras-som.

NOTAS

1 A pesquisa que dá origem a estas reflexões é realizada com os recursos do CNPq, a quem agradecemos pelo constante apoio.
2 Os povos tikmu'un, mais conhecidos como maxakali formam uma população de cerca de 2.300 indivíduos falantes da língua maxakali (macro jê), e vivem hoje em quatro diferentes localidades ao nordeste do Estado de Minas Gerais: TI Maxakali (Pradinho e Água Boa em Bertópolis e Santa Helena de Minas Gerais), Aldeia Verde (em Ladainha, MG) e Cachoeirinha (em Teófilo Otoni, MG).
3 Os cantos aqui citados referentes ao ritual do Mogmoka estão todos publicados em Tugny (org.).; Totó Maxakali; Zé de Ká Maxakali; Joviel Maxakali; João Bidé Maxakali; Gilmar Maxakali; Pinheiro Maxakali; Donizete Maxakali; Zezinho Maxakali; et al. Mõgmõka yõg Kutex / Cantos do gavião-espírito. Rio de Janeiro: Azougue, 2009.
4 Zé de Ká Maxakali foi um dos principais especialistas, mestres dos cantos e da mitologia, presentes na construção deste livro.

5 Ressalto, contudo, que na edição brasileira de 2015 de seu livro Why Suyá Sings, traduzido como Porque cantam os Kisêdjê, Seeger não menciona a noção de "cantos sem substância", e sim, refere-se a estas vocalizações como "palavras de canto" em oposição às letras semanticamente relevantes (Seeger 2015: p. 109).

6 Todos os cantos citados nesta sessão encontram-se publicados em Tugny et al. 2009. (Cf. Nota 3)

7 O trabalho empreendido pelo MAKHU merece um estudo à parte, que vem já sendo apresentado por Mattos em diversos artigos (ver: Mattos 2016, 2015a, 2015b).

8 Estas passagens aqui transcritas nascem de um trabalho de colaboração com o cantor e pesquisador Ibã Huni Kuin (Isaías Sales kaxinawá), no âmbito do qual ele escreve um Memorial de Saberes para obtenção do título de doutor em Artes pelo Notório Saber da Universidade Federal do Sul da Bahia.

REFERÊNCIAS

BRASIL, André. "Ver por meio do invisível: o cinema como tradução xamânica". *Novos estudos*, CEBRAP, São Paulo, volume 35, número 3, 2016, 21p.

BUENO W. GUIMARÃES, Daniel. *De que se faz um caminho: tradução e leitura de cantos Kaxinawá*. Dissertação de mestrado. Programa de Pós-Graduação em Letras da UFF, Rio de Janeiro, 2002.

CESARINO, Pedro. *Oniska: Poética do xamanismo na Amazônia*. São Paulo: Perspectiva, 2011, 423p.

CHAMORRO, Graciela. *Kurusu Ñe.ëngatu: palabras que la historia no podría olvidar*. Biblioteca Paraguaya de Antropología, 25. Asunción, Paraguay: Centro de Estudios Antropológicos de la Universidad Católica/São Leopoldo, Brasil: CEPAG Instituto Ecuménico de Posgrado-Escuela Superior de Teologia/Consejo de Misión entre Indios. 1995, 235 p.

CHAMORRO, Graciela. *Terra madura: yvyaraguyje: fundamento da palavra guaraní*. Tese de Doutorado, Universidade Federal da Grande Dourados, 2008, 367 p.

FRANCHETTO, Bruna. "Tolo Kuikúro: Diga cantando o que não pode ser dito falando". *Invenção do Brasil*, Revista do Museu Aberto do Descobrimento. Ministério da Cultura, 1997, 10 p.

GOW, Peter. *An Amazonian Myth and its History*. Oxford: Oxford. University Press, 2001, 338 p.

KAXINAWÁ, IBÃ (Isaías Sales). *Nixi Pae: O Espírito da Floresta*. Rio Branco, Comissão Pró-Índio do Acre, 2006.

———. "Huni Meka". *Cantos do Nixi Pae*. Rio Branco. Comissão Pró-Indio. 110 p. TI Kaxinawá do Rio Jordão, Acre, 2007, 57 p.

LAGROU, Els. *A Fluidez da Forma. Arte, alteridade e agência em uma sociedade amazônica (Kaxinawa, Acre)*. Rio de Janeiro: Topbooks, 2007, 565 p.

MATTOS, Amilton Pelegrino; "Huni Kuin, Ibã . O MAHKU. Movimento dos Artistas Huni Kuin e outros devires-huni kuin da universidade". *Revista Indiscplinar*, v. 2, 23 p, 2016.

———. "O sonho do nixi pae". A arte do MAHKU — Movimento dos Artistas Huni Kuin. *ACENO — Revista de Antropologia do Centro-Oeste*, v. 2, 2015, p. 59, 2015, 19 p.

———. "Quem é quem no pensamento huni kuin? "O Movimento dos Artistas Huni Kuin. *Cadernos de Subjetividade* (PUCSP), v. 17, 2015, 12 p.

MAXAKALI, T.; PIRES ROSSE, E. (Org.). *Kõmãyxop: cantos Xamânicos maxakali_tikm 'n*. Rio de Janeiro: Museu do Índio-FUNAI, 2011, 808 p.

MEDEIROS, Sérgio. L. R.. "Ainda não se lê em xavante". In: Evando Nascimento; Maria Clara Castellões de Oliveira. (Org.). *Leitura e Experiência*. São Paulo: Annablume, 2008, 14 p.

ROTHENBERG, Jerome. *Etnopoesia no milênio*. Rio de Janeiro, Azougue Editoria, 2006, 256 p.

SANTOS, J. P. M. ; FIOROTTI, D. A. *Os cantos indígenas macuxi e taurepang: possibilidades*. Revista Philologus, v. 1, 2015, 11 p.

SEEGER, A. "Por que os índios Suyá cantam para suas irmãs" In: VELHO, G. (Org.). *Arte e Sociedade*. Rio de Janeiro: J. Zahar, 1977.

. *Porque cantam os Kisêdjê — uma antropologia musical de um povo amazônico*. São Paulo, Cosac Naify, 2015, 320 p.

TUGNY, R. P (org.); MAXAKALI, Totó; MAXAKALI, Zé de Ká; MA-XAKALI, Joviel; MAXAKALI, João Bidé; MAXAKALI, Gilmar; MAXAKALI, Pinheiro; MAXAKALI,Donizete; MAXAKALI, Zezinho; et alli. *Mõgmõka yõg Kutex / Cantos do gavião-espírito*. Rio de Janeiro: Azougue, 2009, 512 p.

VIVEIROS DE CASTRO, Eduardo. *Araweté: os deuses canibais*. Rio de Janeiro, Jorge Zahar/ Anpocs, 1986, 744 p.

AS FLORES DO MAɨ

Guilherme Orlandini Heurich

<table>
<tr><td>*He jepe ahe moneme rewe a'i*</td><td>*dzidziti pipe*</td></tr>
<tr><td>*Maɨ a ireire ropi uja*</td><td>*dzidziti pipe*</td></tr>
<tr><td>**Kadziti pipe**</td><td></td></tr>
<tr><td></td><td></td></tr>
<tr><td>*Nhete monemeaho ujomopoipoi uju*</td><td></td></tr>
<tr><td>**Kadziti pipe**</td><td></td></tr>
<tr><td></td><td></td></tr>
<tr><td>*Nhete monemeaho*</td><td></td></tr>
<tr><td>*udzimonü'ünü'ü uju*</td><td>**dzidzitipipe**</td></tr>
<tr><td>*He rehe katu pa pe noi pue*</td><td>**dzidziti pipe**</td></tr>
<tr><td>*Nupe monomeaho*</td><td></td></tr>
<tr><td>*udzimonü'ü de'ã noi*</td><td>**dzidziti pipe**</td></tr>
<tr><td>**Kadziti pipe**</td><td></td></tr>
</table>

No trecho acima, destaquei em negrito o refrão. Cada linha termina com "*dzidziti pipe*" e a estrofe é fechada com "*kadziti pipe*". Quando falo em refrão e me refiro a esse tipo de forma. Primeiro, não se trata de um estribilho repetido a cada certo número de estrofes e sim de palavras repetidas ao final de cada linha e/ou estrofe. Na análise das artes verbais ameríndias, estruturas similares foram relatadas por diversos autores, mas as soluções para sua grafia foram e são objeto de grande discussão. De maneira geral, entende-se que são estruturas rítmicas sem conteúdo semântico — o que certamente é o caso aqui — mas o que fazer com elas, no texto, é alvo de debate e algumas das soluções incluem a não-grafia (DÉLÉAGE, 2009; CESARINO, 2012), a grafia com tradução literal (SHERZER, 1983, p. 20) ou sem tradução (POWERS, 1992) e a recriação gráfica (ROTHENBERG, 1992). Aqui, optei por não traduzir os refrões dos cantos araweté, mesmo quando isso seria possível. Essa escolha pode ser alvo de crítica, certamente, tal como a esboçada por Jerome Rothenberg, para quem a exclusão completa dos refrões implica em um olhar voltado apenas para a semântica da poesia oral indígena e, consequentemente, em uma tradução atenuada e despojada de implicações não- semânticas.

Discordo parcialmente da crítica do autor porque os refrões (ou vocalizes) não são a única estrutura nos cantos ameríndios em que podemos discutir aspectos não- semânticos, pois outros aspectos também se prestariam a isso, tal como a meta- comunicação, evidencialidade, ritmo, e paralelismo. Nesse sentido, deixar de grafar os refrões não significa necessariamente excluir esses aspectos e estar voltado apenas à semântica das palavras. Por outro lado, reconheço a importância do aspecto rítmico dos refrões e este ensaio é, fundamentalmente, uma reflexão sobre esse aspecto dos cantos araweté. Assim, os refrões dos cantos araweté serão tratados aqui quanto ao seu aspecto rítmico e de movimento. A questão, então, é de que ritmo estamos falando? Movimento de que(m)?

Os Araweté são cerca de 452 pessoas (Siasi/Sesai, 2013) que vivem em sete aldeias na Terra Indígena Araweté/Igarapé Ipixuna, no Estado do Pará, Brasil. A música entre os Araweté é sempre música vocal, ou seja, não há execuções musicais em que a voz não esteja presente. Aqueles que cantam são sempre Outros, das mais variadas estirpes, e o que os une é o fato de estarem todos mortos. Animais, inimigos, espíritos e humanos não cantam quando vivos e todos eles cantam na mesma língua usada pelos humanos. A estreita relação entre morte e música — entre os mortos e suas vozes — não é apenas uma relação que transparece no tema dos cantos: os cantos não são sobre a morte — ainda que o sejam, muitas vezes. O que ocorre é que os mortos fazem parte da estrutura de visibilização dos cantos, pois sem eles não parece haver música. Quando digo que a arte verbal araweté fundamenta-se na relação entre música e morte, não estou dizendo que ela faz da morte o assunto de seus cantos. Ao invés de semântica, a relação aqui parece ser estrutural. Uma relação que aparece, por exemplo, nas condições de produção dos cantos de cauinagem, onde a relação entre matador e vítima é o que torna possível a existência dos cantos. Aparece nos cantos de captura de Ani, nos quais esses espíritos-flechadores riem, grunhem e dizem algumas palavras logo antes de morrer. Aparece na relação com os deuses, onde a voz enunciada pelo xamã nunca pertence a ele próprio e sim aos mortos do grupo. E aparece nos cantos de cura imone, nos quais o doente escuta sua própria voz através do xamã que veio vê-lo. A morte, então, não é apenas o tema dos cantos como também sua forma.

Todos os objetos, sujeitos e relações que apresento aqui podem ser agrupados sob a expressão araweté *"purereha me 'e"*, cujo sentido exploro a seguir. Coloco três "coisas" em relação: adornos corporais, principalmente os brincos; o chocalho *arai*; e os refrões dos cantos. Trago outras etnografias tupi-guarani para compor um pequeno excurso comparativo, no qual o *arai* servirá de mediação entre o complexo das tocaias e os refrões dos cantos araweté. As passagens de uma etnografia a outra serão feitas através de conexões metonímicas — o caçador que usa brincos de cotinga e também as caça dentro de uma tocaia; a similaridade das formas das tocaias venatórias, xamânicas e dessas com o arai — para, ao final, retornar aos refrões. Este é uma primeira tentativa de pensar os refrões dos cantos araweté em suas conexões com outros objetos e contextos etnográficos.

PUREREHA ME'E

A expressão *purereha me 'e* está associada principalmente aos brincos de penas de cotinga usados pelos Araweté, ao veículo (canoa, avião) usado pelos mortos e pelos Maï — os deuses Araweté — para se deslocar pelo cosmos e, finalmente, aos cantos. Esses elementos aparecem justapostos nas linhas dos cantos, onde a expressão aparece frequentemente na porção esquerda da linha e é acompanhada por um nome.

CANTO 1

Ujueropoi Maï poti uju
Madadi munu uju

Madadi roi de'ã
Itapidioho modi modi
Ujueropoî te pa Maï poti

Ka Maï-poti juerehá
Itâpidioho kati

Purereha me'e Maï poti
Itâpidioho kati

Flores do Maɨ levantam-se / voam
Junto com Madadi
Madadi bem aqui
Pintando pedra vermelha /pintando-se com urucum
Voam flores do Maɨ?

Essas flores do Maɨ levam ao
Rumo da pedra vermelha

Purereha me'e flores do Maɨ
Ruma da pedra vermelha

Madadi, nome genérico para falar das *Maɨ* do sexo femi-nino, vai com as flores do *Maɨ* rumo à pedra vermelha. "Pedra vermelha" que indica tanto o pão de urucum usado pelos *Maɨ* para se pintarem quanto o próprio lugar em que eles habitam. Feito de pedra, a morada dos *Maɨ* é notável por seu perfume inebriante, o que o aproxima do sabão de urucum. É, enfim, nessa direção (*kati*) que vai Madadi, mas o que a leva rumo aos Maɨ são os brincos de cotinga que ela usa. Os brincos — *nami ku* (lit. buraco da orelha) — são chamados nos cantos de *Maɨ poti* ("flores do *Maɨ*") numa referência a sua forma de flor, mas podem também ser chamados de *Monemeaho* ("grande cotinga") numa alusão a uma das espécies que os Maɨ (e os Araweté) caçam para confeccioná-lo, a saber a cotinga *moneme*. As flores do *Maɨ* saem voando, junto com Madadi, levam rumo ao *Maɨpi*, ou seja, *purereha me 'e Maɨ poti*.

Uma referência semelhante aparece em outro canto.

CANTO 2

Purereha me'e jukâ mire poti
ida'u Mai uka
tadino mi
"Purereha me'e flores da falecida "
diz o Maɨ cá
ao pai-de-filhos

Agora, porém, as flores em questão não são mais dos Maɨ. As flores são, na verdade, de uma mulher araweté que faleceu. E o progenitor em questão, na expressão "pai-de-filhos", é o ex-marido dela, ainda vivo. A falecida é citada aqui dizendo que os Mai estão falando sobre os brincos de alguém que foi "matado" (*jukã mire*), ou seja, ela mesma. Assim, o xamã canta o que alguém diz que ela está dizendo que os Mai estão dizendo ao ex-marido dela: que seus brincos são purereha me 'e. Mas o que é, então, *purereha me 'e*?

Me'e é um nominalizador (SOLANO, 2009, p. 246)[1], cujo argumento aqui é *purereha*, que pode ser decomposto em *pur+r+ereha*. Começando pelo fim, /-ereha/ é o verbo transitivo "levar", enquanto *pur(u)-* é um prefixo genérico que pode ser traduzido como "gente". A tradução de /*poro-*/ por "gente" poderia indicar que é um forma solta, mas sua não-ocorrência em outras expressões enquanto morfema independente sugere que se trata de um morfema gramatical que, aqui, é usado como argumento interno da sentença. O prefixo /*poro-*/ (~ /*moro-*/) ocorre em diversas línguas da família tupi-guarani, tendo sido registrado desde Montoya e utilizado, por exemplo, por Nunes Pereira em seu *Moronguetá* (1967). Seu significado como "gente" é dado por Montoya (1726) para o guarani antigo, Dooley (2013) para o

Mbyá-guarani, Lucy Seki (com. pessoal) para o Kamaiurá e Lemos Barbosa (1956) para o tupi antigo[2].

Apoiando-me nessas referências, traduzo a expressão por "leva-gente", isto é, tudo aquilo que movimenta alguém de um lugar a outro. O interessante dessa expressão, a meu ver, são os outros objetos e sujeitos que estão justapostos à ela nos cantos, tal como os brincos, que mencionei acima. A partir dos brincos podemos passar para outros adornos, como o urucum. Vejamos o canto abaixo.

CANTO 4

U-ma'ê nâ heri Mai uja
Moneme-aho rewe na'ê na'ê uju a'ino
Kuminadino ye

Sem conseguir olhar para trás os Mai vieram
Sorrindo sorrindo com a grande cotinga
Veja Kuninadino

Ao vestir os brincos, os deuses ficam "sem conseguir olhar para trás" — *ma'e* é o verbo que designa especificamente a ação de caminhar e olhar para trás repetidas vezes. Essa impossibilidade é, de fato, um redirecionamento de sua visão, pois a partir do momento em que vestem seus brincos os Mai só conseguem olhar para frente.

Nupe we ye ku wí ha uju
ijanipawa'iaho munu munu a'ino
Pidípidíwaho modi modi u-ja

Aqui perto eles vão

Enfeitar-se com seu grande jenipapo
Vieram pintar-se de urucumel

O uso do urucum entre os Araweté é muito comum e tem múltiplas funções. Alguém simplesmente acorda com vontade de se pintar e pede a seu companheiro que o faça. Rapidamente, a vontade pode contagiar outras pessoas. Nessas ocasiões, não há razão ou motivo que justifique o gesto para além do desejo de ficar *hevu me 'e* — estar perfumado/doce. Enfeita-se principalmente, porém, nos dias de festas e é justamente de um momento como esses que fala o canto de Irawadido. A menção aos brincos é tão frequente que arriscaria dizer que se trata de um dos pontos fortes de apoio da execução dos cantos, quase um porto seguro para o qual sempre é possível retornar quando se está entre um e outro verso menos comum. O uso dos brincos de cotinga pelos Araweté sempre vem acompanhado da pintura facial com urucum. O padrão usado consiste de quatro linhas: a primeira desenha um arco que inicia perto da orelha, segue pela testa e encontra a outra orelha; a segunda parte do meio da testa e para na ponta do nariz; a terceira e a quarta saem das orelhas em direção à boca e param no meio da bochecha. Assim como os brincos de cotinga, a pintura facial é *ditapurereha me 'e*.

TOCAIA DE CAÇA

Obter as penas da cotinga *moneme* não é tarefa fácil. Esse pássaro alimenta-se dos frutos do *kapoiwã*[3] e os Araweté constroem tocaias de palha nessas árvores para caçar essas pequenas aves e, eventualmente, diferentes espécies de tucanos. Além dessa tocaia "no alto", eles também praticam a caça de cotias e pacas através de tocaia "no chão"[4]. A tocaia araweté, então, é o instrumento que possibilita a captura das cotingas, cujas penas virarão brincos. A partir dessa conexão entre brincos, cotingas e tocaias, podemos passar para as tocaias usadas por outros grupos, tal como os Awá. Aqui encontraremos alguns sujeitos que mencionei acima, tal como os cantos e os mortos.

Os Awá, nos diz Garcia (2010), consideram que os animais mais difíceis de serem caçados são aqueles que pensam muito, como as onças e os porcos, enquanto os que pensam menos, feito cotias, guaribas, pacas e veados, são mais fáceis de pegar. Isso em nada diminui o prestígio que tem os guaribas entre os Awá, visto que a caça ao guariba é seu assunto primordial, sendo também o paradigma para outros tipos de caça. É o canto do guariba que é apreciado pelos Awá, não somente pelas dicas que o canto dá sobre como caçar o bando em questão, mas simplesmente por considerarem que cantam bem. Essa relação entre apreciação estética e desejo venatório não é contraditória, pois "o fato das pessoas gostarem da música dos guaribas", diz Garcia, "é o mesmo que os fazem gostar de matá-los" (GARCIA, 2010, p. 322-324; 327). A primatologia awá não coloca os guaribas sob o rótulo de macacos — como o prego, cairara e cuxiú — porque os consideram uma espécie única (GARCIA, 2010, p. 317-8), a única com a qual os Awá possuem laços de parentesco (CORMIER, 2003, p. 95-6). Os Awá se consideram parentes dos guaribas porque somente eles e os humanos, em toda a floresta, é que sabem cantar.

A etnografia awá nos brinda não somente com essa bela imagem da relação entre canto e caça. Quando um homem sonha durante muito tempo, seu duplo abandona o corpo e segue até o *iwá* — a morada dos duplos e deuses. Diante disso, sua mulher começa a cantar para que o duplo de seu marido encontre o caminho de volta à sua rede. Nesse movimento, as mulheres awá trazem os duplos de seus maridos de volta para o corpo que jaz na rede quanto eles estão sonhando, mas aqui são elas, e não eles, que cantam. Esses sonhos masculinos são posteriormente dramatizados durante o ritual do *Karawara*, durante o qual os homens também acessam o *iwá*[5]. No *iwa* awá, todos são bonitos, vestidos com diademas, braçadeiras e diversas penas. Tudo lá é magnificado, bonito, saudável e fértil — os animais de lá não sangram quando morrem, permanecem bonitos.

Durante o ritual, somente os homens se vestem com diademas, braçadeiras e penas e usam a tradicional fibra de tucumã para esconder o prepúcio. Vestem-se como os que vivem no *iwa* (CORMIER, 2003, p. 100-101).

> *Os homens* karawara *ainda tem aplicadas as penugens brancas da harpia (ou algum gavião) e urubu-rei em seus rostos pernas, braços, tórax e abdômen. Enquanto os Awá da terra se adornam dessa forma somente para os rituais da* takája, *os karawara mantêm-se assim constantemente. E os humanos se pensam como netos (*hamiarú*) dos* karawara *e de Maíra. Eles dormem em redes (*kahá*) trançadas a partir de uma fibra clara, quase branca — que os Awá da terra não sabem o nome — que só existiria no* iwá *(GARCIA, 2010, p. 382).*

O ritual do *karawara* tem a tocaia (*takája*) como um espaço privilegiado. Uma estrutura de mesmo nome, assim, serve para caçar e para ir ao *iwá*, isto é, serve para fazer morrer e para ser matado, pois *oho iwá pe* ("foi ao céu") designa tanto a morte comum quanto essa pequena morte que sofrem os homens awá quando "sobem" durante o ritual da tocaia (GARCIA, 2010, p. 422). Porém, se a tocaia de caça tem como função primordial fazer com que os de dentro vejam os de fora e não sejam vistos, a tocaia xamânica modifica a situação justamente ao introduzir a música como elemento de sua paisagem. A oposição, então, passa a ser entre ouvir e não ser visto, isto é, entre aqueles que escutam do lado de fora e o cantor que ocupa seu interior: a relação entre visão e audição aparece aqui atravessada pela tocaia.

Como vimos, o canto araweté que mostrei anteriormente trata dos adornos corporais e tematiza a visão ao dizer que "as grandes cotingas impedem olhar para trás". Assim como na tocaia, a relação entre visão e audição está atravessada, pois é um brinco (i.e. ouvido, escuta) que impede o olhar retroativo. Quem porta um brinco (ou uma tocaia, como veremos) corre o risco de se deslocar à morada dos Maï, o que é algo desejado no caso dos xamãs, mas pode ser perigoso para outras pessoas. Menos do que instrumentos de fabricação de uma humanidade específica, os adornos corporais podem ser pensados como veículos que deslocam o corpo araweté e apontam para o mundo dos Maï. Prévost (2012) sugeriu que os adornos ameríndios são verbos no infinitivo mais do que substantivos ou adjetivos, pois o que fazem é "infinitisar" (*infmitiser*) o corpo, isto é, algo que "atravessa as estratificações naturais (matéria, vida, espírito)" porque o adorno "é sempre mineral e orgânico, simbólico e vegetal, humano e animal" (PREVOST, 2012, p. 28). Entre os Araweté, as penas da cotinga *moneme*, em forma de brinco, podem então ser pensadas como esse "leva-gente" que conecta humanos e deuses durante os rituais. Nada me parece mais de acordo com o principal comentário dos Araweté a respeito de alguém que acaba de colocar brincos na orelha: "Quem virou-Maɨ?" (*awã pu ku odzymomaɨ*), perguntam. Nos cantos araweté que apresentei acima, então, o efeito do uso dos brincos ocorre na visão e não na audição, pois as grandes cotingas impedem a pessoa de olhar para trás. Esse simples verso indica, entre outras coisas, que as pessoas mencionadas nos cantos só conseguem olhar para frente.

Quero chamar atenção para essa relação entre visível e audível, particularmente nos chamados "povos com desenho" (LAGROU, 2012). Gow (1999) descreve a pintura desenhada piro e fala do problema da "junção" (joining), isto é, de como é possível começar um desenho geométrico numa panela de cerâmica, por exemplo, e terminá-lo de maneira que a junção entre o início e o fim seja imperceptível. O espaçamento e a escala do motivo escolhido precisam, assim, ser pensados cuidadosa e previamente, pois "se você não consegue dizer onde o pintor começou então você está olhando para um bom desenho" (GOW, 1999, p. 232). O autor menciona que os Shipibo-Conibo e os Piro partilham de estilos cognatos de pintar, onde o problema da junção encontra diferentes soluções e, citando Gebhart-Sayer (1984), diz que um grande pote de cerâmica é muitas vezes pintado por duas mulheres Shipibo ao mesmo tempo. Ao pintar, tais mulheres se colocam em lados opostos do grande pote de maneira que fica impossível enxergar o que a outra está desenhando. A coordenação entre elas ocorre através dos cantos, sendo que essa comunicação é fundamental para que o problema da "junção" seja enfrentado de maneira satisfatória.

Em certo sentido, então, esse quiasma entre visão e audição que as grandes cotingas geram é comparável ao que ocorre quando mudamos da tocaia de caça (entre os Araweté e os Awá) para a tocaia ritual/xamânica (Awá). A oposição direta entre visto/não-visto passa a ser entre ouvido/não--visto, isto é, entre alguém que não conseguimos ver — que não consegue olhar para trás? — mas que podemos ouvir cantar. Além disso, vimos que as flores do Mai são "leva-gente" e o mesmo poderíamos dizer das tocaias xamânicas dos Awá, as quais os levam ao *iwá*. Estabelecidas essas conexões entre os adornos auriculares e a tocaia de caça/xamânica, podemos passar ao *arai*.

TOCAIA DE MÃO

Maracás fazem parte da descrição etnográfica dos povos tupi-guarani desde os primeiros relatos dos cronistas quando da invasão européia (Staden, 1999; Anchieta, 1988; Lèry, 1980; Thevet, 1944) e o material usado para confeccioná-los eram e são as cabaças. As cabaças também são usadas para fazer potes e instrumentos musicais, mas, além disso, sua forma está associada a outros objetos ameríndios. A casa cerimonial dos Tapirapé, por exemplo, é um desses objetos. Ela é chamada de takana e foi descrita como uma grande estrutura de quase trinta metros de comprimento e sete metros e meio de largura, tendo a "forma de uma cabaça grande, alongada e virada de cabeça pra baixo" (WAGLEY, 1977, p. 85). Ao final da estação chuvosa inicia-se a estação de visitas dos espíritos *anchunga à takana* tapirapé. Quando um destes passa a ocupar e viver na takana, ele é representado por um par de dançarinos mascarados e vestidos com uma saia, capa e adorno de cabeça feitos com fibra de buriti: a vestimenta cobre o corpo todo do dançarino, deixando apenas os pés e mãos à mostra. As máscaras upé, representantes dos espíritos dos inimigos mortos em batalhas, eram as mais elaboradas de todas as máscaras e sua aparição durante o início da estação seca era um evento espetacular (WAGLEY, 1977, p. 110)[6].

Por um lado, apesar de não movimentar os espíritos, a *takana* os recebe em seu interior; por outro lado, as "canoas" utilizadas pelos pajé e pelos *topu* para viajar entre o céu e a terra são justamente veículos que carregam espíritos. Tanto a *takana* quanto as "canoas" dos espíritos possuem o formato de uma cabaça. Quero enfatizar as relações do maracá confeccionado pelos Araweté com esse complexo de estruturas de tipo tocaia como a *takana* tapirapé, as tocaias de caça e de festa dos Awá e os próprios adornos araweté como as "flores do Maɨ" (Maɨ poti). Apesar de não ser feito com uma cabaça, o maracá araweté — que se chama *ar̲ai* — possui uma estrutura e uma função que, a meu ver, permite essa associação com outras formas que se assemelham aos maracás.

> *O* aray *é uma peça singular. Sua forma é a de um cone invertido, estreito e de base abaulada, trançado de talas de arumã. Essa estrutura interna é feita pelas mulheres. Dentro se colocam pedaços da casca do caramujo do mato* yaracitã. *O cone trançado é então envolvido completamente em linha de algodão, deixando-se exposta a base, que é a parte superior; entre esta e o corpo recoberto da peça prende-se um floco não-fiado de algodão, a modo de um "colarinho", que oculta os pontos de inserção de quatro ou mais penas caudais de arara- vermelha (VIVEIROS DE CASTRO, 1986, p. 536).*

Maracás, brincos, tocaias de caça, tocaias de festa, arai, tocaias de mortos e refrões de cantos. Uma série de invólucros que podemos chamar também de "corpo" se usarmos a palavra araweté *hiro* ("continente") que se aplica a garrafas, tocaias, corpos e canoas. Invólucros com um trajeto em que a importância da visibilidade transforma-se em audibilidade, isto é, invólucros sonoros. Tocaias sonoras. Tocaias que movimentam espíritos, deuses e mortos que assuntam sua morte com o pajé enquanto este reproduz o canto daqueles. Mais do que tocaia sonora, tocaia 'que canta'. De fato, há estruturas rígidas como a *takana* tapirapé e a tocaia awá onde o interior é ocupado por espíritos e homens, mas também existe o *arai* e sua inversão completa da posição do ocupante, que passa de dentro para fora e, nesse movimento, carrega a tocaia na mão. Esse talvez seja o movimento para o qual quero chamar atenção aqui, essa torção visual que podemos imaginar ao pensar um homem que, inserido numa tocaia, saia de dentro dela por seu topo e, no final do trajeto, estique o braço para agarrá-la e segurá-la na mão.

O *arai* é uma "tocaia de mão". Um xamã que sai de dentro de uma tocaia que canta e passa a segurar um maracá enquanto ele próprio canta: uma das imagens do xamanismo araweté. Todas essas estruturas tipo-tocaia têm como um de seus elementos centrais a movimentação de duplos e espíritos, de ser "leva-gente", *purereha me 'e*. Se pensarmos nas tocaias de caça conseguimos ver ainda outra característica do *arai*: ele é uma tocaia invertida, visto que o aprisionado está dentro, ao invés de fora, enquanto o aprisionador fora ao invés de dentro. Uma diferença que envolve essas relações — continente/conteúdo, invisível/visível, audível/inaudível, etc — que vim desenvolvendo aqui.

A CANTORIA DELE

Um canto xamânico araweté começa com o pajé em sua rede, semi-acordado, entoando apenas o refrão da música que cantará. Esse início é feito *a capella*, isto é, sem acompanhamento do *arai* e o mesmo acontece ao final do canto, depois de algumas horas, quando o pajé e sua mulher retornam para casa, ele deita em sua rede, entrega a ela seu *arai* e canta mais uma ou duas estrofes antes de dormir. As estrofes *a capella* que abrem e fecham perfazem no canto inteiro algo similar ao que faz o refrão em cada estrofe, isto é, fornecem uma espécie de limite, uma marcação que instaura a situação particular do canto.

Comecei este artigo com as flores do *Maɨ* e sua capacidade de levar os Araweté a morada dos deuses. Através das grandes cotingas e da forma de obtê-las passei às tocaias de caça awá e à tocaia xamânica do *karawara* awá, a qual completa um primeiro círculo. Por fim, a função de movimentação que os adornos corporais e o complexo da tocaia desempenham é compartilhada também pelo *arai*. Esses elementos de conexão entre diferentes contextos etnográficos compõem um conjunto de sentidos e transformações a partir do qual quero explorar os refrões dos cantos araweté. Porém, há ainda um último elemento (e uma outra etnografia) a acrescentar.

Os Waiãpi do Alto Oiapoque designam o chocalho utilizado por seu pajé pelo termo *malaka*. O xamã do grupo Waiãpi setentrional é o único que consegue conter as influências maléficas dos espíritos, intercedendo entre o mundo visível e o invisível através de um espírito-auxiliar que ele contém em seu malaka (P. GRENAND, 1980, p. 45; F. GRENAND, 1982, p. 371). Entre os Waiãpi meridionais não encontramos uma palavra similar a maracá para designar o chocalho utilizado pelos pajés. O que eles chamam de *maracá* são chocalhos fixados sobre varas de dança usadas coletivamente e nunca pelo pajé. Os xamãs meridionais fazem uso dos chocalhos *marari*, os quais são "feitos de pequenas cabaças presas à um cabo de madeira, cujo verdadeiro conteúdo eles mantêm em segredo" (GALLOIS, 1988, p. 299). É um instrumento considerado perigoso e, por isso, somente usado nos raros rituais em tocaia. O perigo do *marari* provêm de sua capacidade de ser, por um lado, o instrumento que carrega as entidades xamânicas e, por outro, o veículo de acesso a essas entidades; ele é ao mesmo tempo "recipiente" e "caminho" das entidades xamânicas. É através da tocaia que os pajés conseguem aproximar os vivos dos mortos. Ainda que seja incapaz de trazer de volta à vida um falecido que já tenha bebido o cauim dos mortos, o xamã poderá "trazer o morto em tocaia (*i-ã wojy* = seu.princípio.vital-descer) para saber dele qual foi a causa de sua morte" (GALLOIS, 1988, p. 327-29). Ao longo do tempo, a função de cura dos pajés acabou por desgastá-los de tal forma que não conseguem guardar *-paie* suficiente para realizar atividades como negociar com o dono das queixadas, com as abelhas e nem tampouco obter tabaco, panos ou miçangas. Assim, através do fumo e do canto, dentro da tocaia, os xamãs waiãpi meridionais convocam os animais e seus senhores para uma negociação. Animais que são trazidos em tocaia assim como os mortos — cuja vida não podia ser devolvida, mas cuja *causa mortis* podia ser assuntada. Gallois (1988, p. 273-279) sugere que a pintura corporal waiãpi aproxima os humanos dos seres para os quais essas pinturas apontam; diferentes pinturas implicam em diferentes vetores. Esse aspecto da pintura corporal nos leva aos motivos kusiwa, pois os seres para os quais eles apontam são os mortos[8].

Mortos que são trazidos pelos xamãs araweté em seus cantos. O pajé apenas empresta sua boca para que as palavras deles possam ecoar, talvez um pouco como os xamãs waiãpi trazem os mortos para conversar na tocaia. Cantos que, enfim, possuem refroes que traçam esse limite dos versos cantados. Como afirmei antes, todo canto possui um refrão, sendo a primeira coisa que o pajé canta, ainda antes de receber seu chocalho e levantar de sua rede. O refrão abre e fecha cada uma das estrofes da música e, assim, opera um certo enquadramento sobre a estrofe, isto é, delineando uma moldura ao seu redor. Essa ideia de "moldura", sobre a qual não estou perfeitamente convencido, pode ser comparada ao complexo da tocaia a fim de ser melhor delineada, e esse é o objetivo deste artigo.

Alguns refrões são compreensíveis para os Araweté, outros não, pois são sílabas curtas sem conteúdo semântico aparente. Aqui, é preciso estabelecer uma distinção entre letra e refrão, pois apesar de não haver uma palavra, em Araweté, que descrimine os trechos da música — em cabeça, meio, pé -, o trabalho de tradução dos cantos tornou visível essa separação. Tanto Irarüno quanto Jatumaro, com quem trabalhei na transcrição e tradução dos cantos, "esqueciam" de mencionar os refrões e somente o faziam após minha insistência. Além disso, quando encontrávamos algum refrão que não possuía significado aparente, riam de mim quando sugeria que o buscássemos com outras pessoas, dizendo não haver razão, pois não queria dizer nada mesmo — "isso é só a cantoria dele, Diréme", me dizia Irarüno.

Quando falo em refrões, portanto, tento explorar isso que os Araweté chamam de "só a cantoria dele", mas para explorar essa cantoria para além do sentido imediato das palavras, o que necessariamente nos leva à discussão sobre ritmo. A maior parte dos cantos utiliza mais de um refrão durante a sua execução e normalmente termina com o mesmo refrão com o qual começou, sendo que a mudança de refrão indica a mudança de quem está cantando naquele momento. Essa mudança é importante. Há uma associação, portanto, entre um refrão e um morto que canta (ou um *Mai* que canta), mas essa associação é efêmera: caso o mesmo morto ou deus venha a cantar em outra música, o que ocorre frequentemente, provavelmente não utilizará o mesmo refrão e, caso o faça, será por coincidência.

Apresento a seguir as principais formas que os refrões tomam. Uma delas é "ko ko", com a última vogal bastante alongada. A linha em negrito é o refrão.

CANTO 2

Ko koooooooooooooooooooooooo
Ko koooooooooooooooooooooooo
Ahe teporanu iwãpajoro rehe
                    Vou com meu perguntar ao Iwãpajoro
Ko koooooooooooooooooooooo
Ko koooooooooooooooooooooo

O mesmo refrão — ko ko — aparece no canto de Todi cantado por Kanipayero.

CANTO 5

Ko koooooooooooooooooooooo
Ko koooooooooooooooooooooo
Heroejiejixi hatsi'i ikuramire mai i'ã marupanino
Ko koooooooooooooooooooooo

Ko koooooooooooooooooooooo

Não trago a tradução dos versos, por ora, pois meu foco está nos refrões. Como dizia, o refrão monta um quadro que abre e fecha as estrofes, sendo repetido em cada uma delas. Entre o fechamento de uma estrofe e a abertura da seguinte há uma pausa, um momento para que o pajé possa fumar seu charuto e durante o qual continua tocando o arai. Esse intervalo varia muito e depende, a meu ver, do que poderíamos chamar de "estilo" (FINNEGAN, 1972) de cada pajé — um intervalo que pode variar de vinte ou trinta segundos até dois ou três minutos.

Há outros refrões que também são repetições de uma mesma palavra. Um deles é *"peye, peye, peye"* e literalmente significa "pajé, pajé, pajé", ainda que essa não seja a forma mais comum para denominar os xamãs araweté.

CANTO 2

Peye peye peye
Mai poru he a'u ku he a' ino iku Mai uka
Peye peye peye

Contudo, a moldura das estrofes não é a única forma nas quais os refrões se apresentam, pois existem formas que se misturam, invadem o miolo do verso, no primeiro caso, e são invadidos por ele no segundo. Tais formas se apresentam de duas maneiras: a primeira abole a abertura e começa diretamente com a primeira linha da estrofe, reaparecendo no final de cada uma das linhas, além de fechá-las.

CANTO 6

Ka Mai poti hererehá mãmãnã nã peye
Ixiri'ioho modi dzidzi mãmãnã nã peye
0 Xe xe xe mãmãnã nã

Note-se que o fechamento da estrofe é distinto das partes que fecham cada uma das linhas, poispeye some do final e aparece "*xe xe xe*" na periferia esquerda. O uso do motivo "*Mãmãnã nãpeye*", que literalmente quer dizer "pajé dono mamangaba", foi registrado por Viveiros de Castro em 1981 e por mim em 2012, ambos cantados por Kanipayero (cf. Viveiros de Castro, 1986). O uso de um mesmo refrão, pelo mesmo pajé, após trinta anos do primeiro registro, sugere, é claro, que há uma certa continuidade no conjunto de refrões utilizados pelos xamãs araweté. Por outro lado, por ter sido usado pelo mesmo pajé, sugere que cada um dos xamãs possuiria um estoque próprio de refrões, o que na verdade não se confirma pelos diversos registros que fiz do uso de refrões idênticos por pajés diferentes.

O segundo modo de refrão que não forma um enquadramento simples antecipa, dentro do refrão, parte da estrofe. Tal modo aparece, por exemplo, num breve canto em que um jovem pajé canta *a capella* antes de receber o chocalho de sua companheira.

CANTO 7

Oyewatsiwatsi nete ixika rere
nãne apa pe rehe
idare ka uka
ixika rere

Note-se que a primeira linha está dividida em dois: *Oye-watsiwatsi nete* forma a primeira parte, enquanto a segunda é composta de *ixika rere*. À medida que a música avança, a segunda parte mantém-se idêntica enquanto a primeira varia de acordo com a estrofe. Assim, as duas primeiras palavras da estrofe são "antecipadas" para a posição que antecede o refrão de abertura e isso nos permite dizer que o refrão aqui é "*ixika rere*", o qual aparece também no fechamento da estrofe[9].

O aspecto de "moldura" que tentei reproduzir graficamente acima ao mudar a fonte é apenas um aspecto dos refrões. A moldura dos refrões também envolve qual é o morto que está cantando naquele trecho do canto, o que pode variar em alguns cantos. Essa variação é fundamental para entender o que estou chamando de moldura. Aceitando que o *arai* e a tocaia fazem coisas parecidas enquanto invólucro, isto é, carregam e movimentam espíritos, podemos dizer que o mesmo ocorre nos refrões porque cada refrão está ligado a um morto de maneira particular. Explico. Essa maneira particular pouco ou nada tem de identificatória, isto é, o refrão "ko ko" não está identificado a um falecido ou a um Maɨ específico — ele é usado por um morto em um canto e por outro morto em outro canto. Porém, ele está identificado a um Maɨ ou falecido provisoriamente em um canto específico — sempre que, naquele canto, o refrão "ko ko" estiver sendo usado é porque Iapi'ido, digamos, está cantando.

Finnegan (1972) sugeriu que os aspectos prosódicos de um poema são aqueles que o conformam — não somente a métrica, mas também aliteração, assonância, repetição e paralelismo — e que análises de prosódia precisam falar de ritmo, uma noção tão importante quanto difícil de definir. Ela argumenta que o ritmo é ditado pela repetição e que a repetição define as linhas, estrofes e refrões de qualquer arte verbal . Como vimos, o refrão xamânico araweté abre e fecha o canto, mas, além disso, ele também se repete a cada estrofe: seria essa repetição a noção de ritmo que estamos buscando? Zumthor (2012) sugeriu que toda narrativa, poesia ou canto exigem a repetição, pois todo elemento novo na narração retorna e amplifica algo que já foi dito e instaura, assim, um diálogo interno ao poema. O ritmo resultante desse processo promove a repetição em todos os níveis: sonoro; de estrofes, frases, versos e até de sessões inteiras do poema; de formas gramaticais, fonemas; e também do próprio sentido do poema (ZUMTHOR, 2012, p. 157-158). Ao passar pela repetição e paralelismo, então, retornamos ao ritmo, mas agora com uma definição um pouco mais precisa do que ele pode significar. Arrisco e digo que a noção de ritmo que opera no refrão das músicas xamânicas araweté pulsa entre uma figura e um fundo, isto é, coloca um verso como a figura que se destaca do fundo que é o refrão. Assim, não é somente o refrão que se repete ao longo do canto, mas a próprio relação entre o refrão e suas estrofes que é repetida durante o poema: o refrão é a porção fixa do paralelismo, "contra" o qual a estrofe vai variar. Mas, se o refrão está no xamã, porque ele é identificado ao morto? Porque a identificação é de superfície, dura o quanto aquele canto durar, e expressa mais a diferença entre os mortos/cantores do que sua identidade, uma diferença que marca a mudança de um cantor para o outro. O refrão é o índice dessa mudança, índice "controlado" pelo xamã, a cantoria dele.

Ocorre que outros mortos e Maï podem "tomar a palavra", cantar trechos do canto e, quando isso acontece, o refrão muda. Essa mudança — de "ko ko" para "peye, peye", digamos — indica a mudança no soprador, isto é, no morto/

Maĩ que está cantando. Essa mudança, assim como a identificação, dura enquanto o canto durar. Um novo canto trará novas associações. Os cantos, nesse sentido, são como tocaias e maracás porque trazem/carregam/movimentam os mortos e, além disso, possuem formas fixas, mas maleáveis, talvez como palhas de babaçu ou talas de arumã.

NOTAS

1 Segundo Solano (2009, p. 246), os predicados nominalizados por me'e aproximam-se de construções equativas. Além disso, a nominalização de nomes concretos resulta num predicado de natureza possessiva (Id). Nesse sentido, me'e diferiria de seu cognato mbyá-guarani (va'e), o qual "forma um nome que não aceita posse" (DOOLEY, 2013).

2 Montoya (1726) aponta, contudo, um segundo significado, o qual indica uma ação repetida frequentemente, isto é, algo habitual, o qual também ocorre, por exemplo, em Mbyá-guarani (DOOLEY, 2013). Esse segundo significado de poro, contudo, costuma ocorrer sempre flexionado pelo sujeito da ação (ver os exemplos de Dooley). Ainda que não tenha encontrado esse uso entre os Araweté [e tampouco é mencionado por Solano (2009)], me parece que a ausência de flexão em porereha me'e aponta para o primeiro sentido sugerido pelos autores citados acima.

3 Espécie não-identificada.

4 Entre os Waiãpi do Oiapoque há uma diferença lexical entre a tocaia feita no chão e a tocaia feita acima do solo: "Les Wayãpi en connaissant deux variantes l'affût au sol ou tokay; l'affût perché ou mita" (P. GRENAND, 1980, p. 76).

5 "A experiência onírica parece ser a experiência basal na qual está fundada a vida espiritual guajá. O ritual do karawára é, em certo sentido, um sonhar-acordado ou uma dramatização da experiência onírica, a qual é re-encenada [no ritual] de maneira consciente

e controlada para atingir certos objetivos [...] O ritual é multifuncional (all-purpose), pois é onde a cura acontece, formas passadas de outras pessoas e mortos são visitados, pedidos são feitos para o sucesso na caça e casamentos são decididos" (CORMIER, 2003, p. 103).

6 Cf. Baldus (1970, p. 368-389) para a descrição pormenorizada de todos os espíritos que se aproximam e dançam dentro e ao redor da takana durante uma cauinagem.

7 Zumthor afirma que marcar o início e o fim de um poema oral é uma forma de "isolá-lo por uma dupla barragem do fluxo dos discursos comuns" (2010, p. 145), o que não é exatamente o caso aqui, pois se o refrão enquadra cada estrofe, ele apenas abre o poema — os primeiros versos de um canto são o refrão "sozinho" — mas não o fecha, pois os versos finais a capella são versos com refrão.

8 "Esses motivos [kusiwa] estão diretamente ligados aos mortos e tem como efeito aproximar o mensageiro do céu — o gavião acauã kokointori — que leva a criança à morada celeste dos mortos" (GALLOIS,1988, p. 252).

9 Apresentados os três modos em que os refrões aparecem, é necessário dizer que a opção por chamá-los de modos — e não de "tipos", por exemplo — procura manter aberto um conjunto que, aparentemente, é finito. O número de refrões diferentes que contabilizei, tendo como referência as minhas gravações e também as de Eduardo Viveiros de Castro e Camila de Caux, a quem muito agradeço, não me permite dizer se trata de um conjunto finito ou não.

10 Isso não quer dizer que seja exclusivo da poesia oral, como mostrou Jakobson, para quem o domínio do som sobre a significação se inverte quando passamos da poesia para a prosa (Cf. JAKOBSON; POMORSKA, 1980, p. 105-106).

REFERÊNCIAS

ANCHIETA, José de. "Carta de Piratininga (1555)". *Cartas, informações, fragmentos históricos e sermões (1554-1594)*. Cartas Jesuíticas 3. São Paulo: Itatiaia, 1988.

BALDUS, Herbert. *Tapirapé: tribo tupí no Brasil Central*. São Paulo: Companhia Editora Nacional/Editora da Universidade de São Paulo, 1970.

CAUX, Camila Becattini Pereira de. *O riso indiscreto: couvade e abertura corporal entre os Araweté*._ Tese de Doutorado, Museu Nacional, PPGAS, UFRJ

CESARINO, Pedro de Niemeyer. "Os relatos do Caminho-Morte: etnografia e tradução de poéticas ameríndias". *Estudos avançados*. (26)76, 2012.

CORMIER, Loretta. 2003. *Kinship with monkeys: the Guajá foragers of eastern Amazonia*. New York: Columbia University Press.

DOOLEY, Robert. Léxico Guarani, *Dialeto Mbyá: com informações úteis para o ensino médio, a aprendizagem e a pesquisa linguística*, 2014.

EVREUX, Yves de. *Viagem ao norte de Brasil: feita nos anos de 1613 a 1614*. São Paulo: Siciliano, 1615 [2002].

FINNEGAN, Ruth. *Oral Poetry: its nature, significance and social context*. Cambridge: Cambridge University Press, 1977.

GALLOIS, Dominique. *O movimento na cosmologia waiãpi: criação, expansão e transformação do universo*. São Paulo: USP/FFLCH. Tese de Doutorado, 1988.

GARCIA, Uirá Felippe. *Karawara: a caça e o mundo dos Awá-Guajá*. São Paulo: USP/FLLCH. Tese de Doutorado, 2010.

GEBHART-SAYER, Angelika. "Una terapia estética: los disenos visionarios del ayahuasca entre los shipibo-conibo". *América Indígena*. 96, pp. 189-218, 1986.

GOW, Peter. "Piro designs: painting as meaningful action in an Amazonian lived world". *Journal of the RoyalAnthropological Institute*. 5, pp. 229-246, 1999.

GRENAND, Françoise. "La tortue et le jaguar: conte wayãpi". *Amerindia*. Selaf: Paris. pp. 183-193, 1978.

GRENAND, Françoise. *Et l'homme devint jaguar: univers imaginaire et quotidien des indiens wayãpi de guyane*. Paris: L'Harmattan, 1982.

GRENAND, Pierre; GRENAND, Françoise. "Em busca da aliança impossível: os Waiãpi do norte e seus brancos (Guiana Francesa)". In: ALBERT, Bruce. & RAMOS, Alcida. *Pacificando o branco*. São Paulo: Imprensa Oficial, 2002.

GRENAND, Pierre. *Introduction a l'étude de l'univers Wayãpi: Ethnoécologie dês Indiens Du Haut- Oyapock (Guyane française)*. SELAF: Paris, 1980.

JAKOBSON, Roman; POMORSKA, Cristina. *Diálogos*. São Paulo: Cultrix, 1980.

LAGROU, Els. "Perspectivismo, animismo y quimeras: una reflexión sobre el grafismo ameríndio como técnica de alteración de la percepción". *Mundo Amazônico*, v. 3, p. 54- 78, 2012.

LEMOS BARBOSA, Pe. A. *Curso de Tupi Antigo: Gramática, Exercícios, Textos*. Rio de Janeiro: Livraria São José, 1956.

LERY, Jean de. *Viagem à terra do Brasil*. São Paulo: Itatiaia, 1980 [1578]

LEVI-STRAUSS, Claude. *Do mel às cinzas: Mitológicas II*. São Paulo: Cosac & Naify, 2004.

MILLER, Joana. "Things as persons: body ornaments and Alterity among the Mamaindê". In: SANTOS- GRANERO, Fernando. (Org.). *The occult life of things: native amazonian theories of materiality and Personhood*. Tucson: University of Arizona Press, 2009.

MONTOYA, Antonio Ruiz de. *A conquista espiritual feita pelos religiosos da Companhia de Jesus nas províncias do Paraguai, Paraná, Uruguai e Tape*. Porto Alegre: Martins Livreiro Editor, 1639 [1985].

MULLER, Regina. "Assuriní do Xingu". *Revista de Antropologia*. Vol.27/28, 1984/1985. pp. 415-438

NUNES PEREIRA, Manuel. *Moronguetá — Um Decameron Indígena*. Rio de Janeiro: Civilização Brasileira, 1967.

POWERS, William. "Translating the Untranslatable: The place of the vocable in Lakota song". In: SWANN, Brian. (Org.). *On the translation of Native American Literatures*. Washington: Smithsonian Institution Press, 1992.

PRÉVOST, Bertrand. "Cosmique cosmétique. Pour une cosmologie de la parure". *Images Re-vues [En ligne]*, 10. 2012. URL : http://imagesrevues.revues.org/2181.

RIVIERE, Peter. "AAE na Amazônia". *Revista de Antropologia*. Vol. 38, no. 1, 1995. pp. 191-203.

ROTHENBERG, Jerome. In: SWANN, Brian. (Org.). *On the translation of Native American Literatures*. Washington: Smithsonian Institution Press, 1992.

SEEGER, Anthony. *Why Suyá Sing: A Musical Anthropology of an Amazonian People*. Cambridge: Cambridge University Press, 1987.

SHERZER, Joel. *Kuna ways of speaking: an ethnographic perspective*. Austin: University of Texas Press, 1983.

SIASI/SESAI. *Dados Populacionais de 2013 das Etnias Indígenas Cadastradas no Siasi por Distrito Sanitátio Especial Indígena — DSEI*. Página da Secretaria de Saúde Indígena. Consultada em 15 de Junho de 2017.

SOARES DE SOUZA, Gabriel. 1987 [1587]. *Tratado descritivo do Brasil em 1587*. São Paulo: Brasiliana.

SOLANO, Eliete de Jesus Bararuá. *Descrição gramatical da língua araweté*. Tese de Doutorado/UNB, 2009.

STADEN, Hans. *Duas viagens ao Brasil*. São Paulo: Terceiro nome, 1999 [1557].

THEVET, André. 1944 [1557]. *Singularidades da França Antártica*. Rio de Janeiro: Editora Nacional.

VILAÇA, Aparecida. "Chronically unstable bodies". *Journal of the Royal AnthropologicalInstitute*. Vol. 8. N. 2, 2005. pp. 445-464.